KB192129

역사를 바꾼 인물들이 써 내려간 숨겨진 음식 이야기

맛있게 읽는 세계사

엔도 마사시(음식기행) 지음 | 최미숙 옮김

로그인

《맛있게 읽는 세계사(원제: 食卓の世界史)》는 음식의 방대한 역사를 위에서 내려다보듯 한눈에 조망하며 즐길 수 있는 책이다. 역사책에는 일반적으로 정치, 전쟁, 문화에 관한 내용이 많은 비중을 차지하는 것에 비해 당시 그곳에 살았던 사람들의 구체적인 일상생활까지 다루는 경우는 적다. 특히 '무엇을 어떻게 먹으며 생활했을까'라는 음식문화에 관한 관심은 많지 않은 듯하다.

무릇 인간은 어느 시대든 무언가를 먹으며 살아왔다. 그렇다고 아무런 이유 없이 음식을 먹은 것은 아니다. 인간은 허기를 채우기 위해 또는 누군가와 함께하기 위해 때로는 더 좋은 음식을 위해 등등 다양한 목적으로 음식문화를 만들며 생활해왔다. 각각의 식탁에는 각각의 환경, 각각의 역사와 전통, 그리고 개개인의 개성이 나타나기 마련이다.

이 책에서는 장마다 각 시대를 상징하는 인물들의 음식과 관련한 이야기를 풀어내면서 그들이 먹었던 음식을 살펴본다. 그들이 살았던 시대의 식탁에 초점을 맞추어 고대 메소포타미아, 유럽, 아메리카대륙, 중국, 일본, 중앙아시아에서 식재료와 음식이 어떻게 유입되고 정착했는지에 대해 정리했다. 각 인물과 관련한 음식 일화는 물론이고 음식의 역사라는 거대한 '지층'이 유기적으로 이어지도록 구성했다. 괄호에 담긴 '제○○장'이라는 부분을 참고해서 각 장을 여행하다 보면 음식문화의 지층을 느낄 수 있을 것이다.

예를 들면 1장 함무라비와 5장 하룬 알라시드 편에서는 메소포타미아 지역 식문화의 변천 과정을 볼 수 있다. 6장 바실리우스 1세와 11장 술레이만 1세 편을 비교해보면 콘스탄티노플에서 이스탄불로 바뀌는 역사 속에서 음식문화의 계승과 단절을 파악할 수 있다. 그리고 3장 네로, 8장 마르코 폴로, 9장 콜럼버스, 12장 카트린 드 메디시스를 연결해 읽으면 이탈리아 음식의 역사가 고스란히 드러난다. 이 책을 다 읽고 나면 고대에서부터 중세를 거쳐 근대로 넘어가는 식생활의 변천사가 한눈에 그려질 것이다.

그리고 세계 3대 요리로 일컬어지는 프랑스 요리, 중국 요리, 튀르키예 요리에 대해서도 다루었다. 12장 카트린 드 메디시스와 13

장 루이 14세 편에서 프랑스 요리의 발전사를 정리했고, 4장 양귀비, 7장 칭기즈칸, 8장 마르코 폴로 편에서 중국 음식의 변천과 몽골에서 유입된 음식문화를 통해 풍성해진 중국 음식문화를 만나볼 수 있다. 튀르키예 요리의 기초가 되는 오스만제국 요리는 11장 술레이만 1세 편에서 다루었다.

시대순으로 읽어도 좋고, 흥미 있는 인물 편부터 골라 읽어도 좋다. 각 장의 첫머리에 있는 인용문이 그 인물을 깊이 이해하는 단서가 되면 좋겠다.

자, 이제《맛있게 읽는 세계사》와 함께 역사 음식 여행을 떠나보자!

엔도 마사시(음식기행)

차례

머리말   5

일러두기

- 본문에 나오는 단행본은 《 》로, 단편집, 신문, 음악 등의 제목은 〈 〉로 표시했습니다.
- 인명, 지명, 책명 등은 국립국어원 외래어 표기를 따르되 명확하지 않은 부분은 일반적으로 가장 많이 사용하는 표기로 기재했습니다.
- 설명이 필요한 부분은 각주를 달아 보충 설명했습니다.

CHAPTER I

고대 메소포타미아의 3대 채소

함무라비

Hammurabi

Hammurabi

니푸르를 위해 모든 것을 완성한 자, 에리두를 되찾은 자, 세계의 사방을 정복한 자, 바빌론의 이름을 위대하게 만든 자, 우르를 풍요롭게 만든 자, 시파르의 기초를 확립한 자, 라르사를 용서한 자, 우루크를 살린 자, 흩어진 이신의 사람들을 모은 자, 키시의 생활 터전을 확고히 다진 자, 쿠타를 훌륭한 곳으로 만든 자, 보르시파를 번성하게 만든 자, 딜바트의 농경지를 확대한 자, 케시의 외곽을 확정한 자, 라가시와 기르수를 위해 목초지와 관개 지역을 정한 자, 자바라(스갈)의 예언을 이룬 자, 카르카라의 영웅인 아다드의 마음을 달랜 자, 아다브에 생명을 부여한 자, 마슈칸 샤비르 주민들에게 삶을 선물한 자, 마르기움 사람들을 재난으로부터 보호한 자, 마리와 투툴 사람들을 허락한 자, (에슈눈나에서) 니나주를 위해 성스러운 음식을 바친 자, 아슈르에 자비로운 수호신을 되찾아준 자, 니네베의 에미쉬미시 신전에서 이슈타르의 제의를 올릴 수 있게 한 자, 수메르와 아카드 땅에 찬란한 빛을 비춘 자.

《함무라비 법전》 머리글에서 도시 이름이 들어간 부분을 임의 발췌

세계에서 가장 오래된 문명 중 하나인 고대 메소포타미아 문명은 '두 강 사이에 놓인 땅Mesopotamia이라는 이름이 나타내듯이 티그리스강과 유프라테스강 사이에 있는 충적평야에서 형성되었다. 이 메소포타미아 지역에서 많은 민족이 여러 도시국가를 건설하고 다양한 문화를 꽃피우다 사라졌다.

함무라비는 고대 메소포타미아 문명사에서 가장 유명한 왕 중 한 사람이다. 그의 이름은 그가 제정한 법령집 《함무라비 법전》으로 널리 알려졌다. 앞에 인용한 글은 《함무라비 법전》의 머리글에서 도시 이름이 들어간 부분을 임의로 발췌한 것이다. 《함무라비 법전》이라고 하면 '눈에는 눈, 이에는 이'라는 문구로 유명하지만, 함무라비 왕이 실제로 무엇을 했는지 무엇을 먹었는지를 다루는 내용은 찾아보기 어렵다.

함무라비는 기원전 1810년경(이 책에서는 고대 메소포타미아사의 시대 구분과 관련한 여러 학설 중에서 중간 연대를 채택했다-저자 주) 바빌론에서 태어나, 기원전 1792년경에 바빌론 제1왕조의 왕이 되었다. 함무라비가 왕이 되었을 무렵의 바빌론은 대국이라 말할 정도는 아니었으며 동쪽에 에슈눈나, 남쪽에 라르사, 북쪽에 아시리아라는 강

대국들로 둘러싸여 있었다. 특히 아시리아 왕국의 샴시 아다드 1세의 위세는 절대적이었다. 함무라비 집권 초기에는 바빌론도 아시리아에 복속된 상태였다.

기원전 1781년에 함무라비는 유프라테스강의 중류 지역에서 바빌론의 북쪽에 있는 라피쿰을 에슈눈나 왕국으로부터 다시 빼앗았다. 이는 아시리아 왕국의 샴시 아다드 1세의 원조 아래 이루어졌다. 그런데 기원전 1775년에 샴시 아다드 1세가 사망하자 주변의 소 왕국들이 속속 독립하기 시작했다. 바빌론도 아시리아와의 종속적인 관계에서 해방되었다. 함무라비가 왕으로 재위한 지 18년 되던 해부터 10년간(기원전 1775~1765년)은 바빌론 제1왕조의 짧은 평화의 시기로, 함무라비도 내정에 전념할 수 있었다. 이때 바빌론에는 신전의 건설과 복원, 도시의 성곽 건설과 보수, 관개용 운하 건설과 정비 등 대공사가 이루어졌다.

다음은 유프라테스강 중류에 위치한 대표적인 도시 마리에서 출토된 편지의 일부인데, 기원전 1769~1765년경에 기록된 것이다.

홀로 강력한 왕은 없다. 바빌론의 왕 함무라비에게는 10~15명의 다른 왕들이 복종하고, 라르사의 왕인 림신에게도 같은 수의 왕이 복종하고, 에슈눈나의 왕 이발 피 엘에게도 같은 수의 왕이 복종하고, 콰트나의 왕 아무트 피 엘에게도 같은 수의 왕이 복종하고, 얌하드의 왕 야림 림에게는 20명의 왕이 복종한다.

나카다 이치로,《함무라비 왕: 법전의 제정자ハンムラビ王: 法典の制定者》중에서

이 편지는 마리 왕국의 고관 이투르 아스두가 국왕인 짐리 림에게 보낸 것이다. 이 편지를 통해 이 무렵에는 함무라비도 일개 소국의 왕이 아니라 다른 나라에 널리 명성이 알려진 인물이었다는 점, 편지에서 언급된 다섯 나라에 마리 왕국을 더한 여섯 나라가 서로 세력다툼을 벌이고 있었다는 점을 알 수 있다. 그리고 이 여섯 나라 위에 엘람 왕이 군림하고 있었다.

당시 각국의 팽팽한 세력 균형 상태를 깨트린 나라는 바로 엘람 왕국이었다. 기원전 1765년에 엘람은 에슈눈나를 공격했고, 바빌론과 마리가 여기에 가세했다. 그 결과 에슈눈나는 패했고 엘람 왕에게 항복했다.

곧이어 엘람은 다음 표적을 바빌론으로 정하고 곧바로 진격하기 시작했다. 이에 대항해서 함무라비는 이웃 나라인 라르사와 마리에 군대 원조를 요청했다. 엘람은 바빌론과의 일전을 예상했지만, 머지않아 자국 영토에도 엘람 군이 들어오리라 판단한 마리 왕국은 함무라비와 함께 반反엘람 동맹을 결성해서 엘람을 물리쳤다. 그 결과 엘람은 점령한 에슈눈나 땅에서 물러났다.

한편 바빌론의 남쪽에 위치한 라르사가 바빌론 영토에 빈번하게

고대 메소포타미아의 3대 채소

침입해서 약탈을 일삼았다. 이에 분개한 함무라비는 처음으로 방어가 아닌 진격을 선택했다. 기원전 1763년에 함무라비의 군대는 먼저 라르사 북부의 도시 마슈칸 샤비르를 포위해 함락시킨 뒤, 수개월간의 전투 끝에 수도 라르사를 점령했다.

함무라비의 다음 상대는 반엘람 동맹을 결성했던 마리 왕국이었다. 바빌론과 마리는 교류를 이어오고 동맹을 맺기도 했지만, 함무라비는 마리의 왕이 언제 배신할지 모른다는 의심에 빠져 있었다. 결국 마리와의 전투는 피할 수 없게 되었고, 함무라비의 군대는 마리 왕국을 점령했다. 함무라비 왕이 재위한 지 33년 되던 해인 기원전 1760년에 '무기로 마리의 군대를 무찌르고 티그리스강 유역에서 유프라테스강 유역까지 정복했다. 그들을 함무라비 왕의 명령 아래 평화의 울타리 안에 살게 했다'는 기록을 남겼다.

마침내 함무라비는 기원전 1759년(재위 34년)에 메소포타미아의 전 지역을 통일했다. 이후 함무라비는 '아무르 전 영토의 왕, 수메르와 아카드 땅의 왕'이라는 칭호로 기록되었다.

─────── • 고대 메소포타미아의 식재료 • ───────

고대 메소포타미아 지역에서 주로 기르던 가축은 양과 소다.《함무라비 법전》에는 가축 중 소가 가장 많이 등장한다. 법전에 등장하는 다른 식재료를 살펴보면 기름, 소, 보리, 참깨, 대추야자, 양, 돼지, 염소 등이 있다. 육류로는 양과 소 외에 돼지와 염소가 등장한다. 작은 가축으로 분류된 양과 염소는 종종 신에게 공물로 바쳐졌다. 바친 공물을 이후 해체하여 사용했는데, 간의 여러 부위는 내장 점을 치는 데 사용했다. 돼지는 《함무라비 법전》에 딱 한 번 등장한다. 고대 메소포타미아 사람들은 돼지를 부정한 동물(아카드어로 šaḫû lā qa-šid)로 여겨서 음식으로 먹는 것을 좋아하지 않았다.

여기서 주목해야 할 식재료는 보리다. 보리는 고대 메소포타미아에서 재배된 일반적인 곡물이며, 빵의 재료로 가장 많이 사용되었다. 수메르 시대, 우르 제3왕조(기원전 2112~2004년)의 제분 목록에는 '보리 556킬로그램, 밀가루 469킬로그램, 밀 14킬로그램, 엠머밀(고대 밀의 일종) 6킬로그램'이라는 기록이 있다. 보리는 잘게 가루로 만들고, 밀의 낟알은 맷돌로 갈아서 밀가루를 만들었다. 맷돌을 이용해 원하는 알맹이 크기로 밀가루를 만들 수 있었다.

《함무라비 법전》에는 맥주를 외상으로 팔면 수확 때 50리터의 보리를 받을 수 있다는 것, 만일 여사제가 맥주를 마시기 위해 술집에 들어가거나 술집을 열었다면 사람들은 그녀를 화형에 처한다는 무시무시한 내용도 기록되어 있다.

고대 메소포타미아의 3대 채소

함무라비 왕이 다스린 바빌론 제1왕조의 유적은 아쉽게도 아직 발굴되지 않은 상태다. 하지만 동시대의 마리 왕국에서 출토된 편지로 부족한 사료를 보완할 수 있다. 함무라비 왕과 동시대인 마리왕 야스마 아다드(기원전 1796~1776년 재위)가 개최한 궁중에서의 저녁 식사 메뉴에는 다양한 빵과 가루가 언급되었다. 바빌론 제1왕조에서도 아마 이와 비슷한 빵을 먹었을 것이다.

> 쿰빵 900리터, 삼미다툼 밀로 만든 빵 60리터, 부럼 곡물로 만든 '신맛' 나는 엠툼빵 2,020리터, 케이크 950리터, 보리로 만든 '신맛' 나는 엠툼빵 2,185리터, (중략) 이스크쿰 밀 11리터, 사스쿰 밀 6리터, 삼미다툼 밀 3리터……
>
> 스테퍼니 M. 댈리, 오쓰 다다히코, 시모가마 가즈야 옮김, 《바빌로니아 도시민의 생활バビロニア都市民の生活》 중에서

함무라비가 주고받은 편지나 《함무라비 법전》에는 과수원이라는 단어도 등장한다. 과수원은 대추야자 농장을 말하며, 대추야자 나무 그늘에서는 파속 채소(양파, 마늘, 파 등)가 재배되었다.
고대 메소포타미아의 대표적인 채소는 바로 양파와 마늘이다.

실제로 파속 채소인 양파와 마늘, 그리고 흔히 서양 대파라고 부르는 리크^{Leek}는 고대 메소포타미아의 3대 채소라 할 수 있는 필수 식재료였다. 수메르 시대부터 고대 메소포타미아의 옛 기록에는 양파, 리크, 파, 마늘 등 파속 채소가 많이 등장한다. 우르 제3왕조의 신들에게 바치는 공물이나 왕의 식탁 또는 귀족들의 음식으로 많이 사용되었다.

특히 리크와 마늘은 수메르 신화에도 등장한다. 수메르 신화인 '이난나와 슈칼레투다^{Inanna and Shukaletuda}'●에 리크가 언급되고, '이난나의 명계하강'●●에 마늘과 리크가 구체적인 식재료로 등장한다. 기원전 1730년경까지의 유물인 바빌로니아의 점토판(바빌로니아 컬렉션 소장)에도 고대 메소포타미아의 요리 레시피가 실려있으며, 기재된 25가지 조림 요리 가운데 마늘과 리크는 23번, 양파는 18번 나온다. 이 3대 채소는 당시 어떤 요리에도 거의 빠지지 않는 중요한 식재료였다고 할 수 있다.

● 이난나는 고대 메소포타미아의 사랑, 전쟁, 다산의 여신으로 수메르 신화에 자주 등장한다. '이난나와 슈칼레투다'는 정원사 슈칼레투다가 이난나에게 나무를 잘 키우는 방법을 알려달라고 기도했으나 포플러 나무 그늘에서 잠든 이난나를 겁탈한다. 이에 분개한 이난나는 지상세계에 역병을 풀고 물을 피로 변하게 한 이야기다.

●● '이난나의 명계하강'은 명계(지옥)로 내려갈 결심을 한 이난나가 명계로 가는 7개의 문을 지나기 위해 옷을 하나씩 벗어 재물로 바치고, 결국 벌거벗겨진 채 7명의 심판관 앞에 선다. 하지만 3일이 지나도 자신이 돌아오지 않으면 신들에게 도움을 청하라고 했기에 시녀 닌슈부르는 그녀의 말에 따라 신들에게 도움을 요청해 되살아난다는 이야기다.

서양 대파라고 부르는 리크는 대파와 비슷하지만, 대파보다 흰 줄기가 굵고 입이 겹겹이 나 있다.

• 함무라비 왕의 식탁을 재현하다 •

바빌로니아 컬렉션에 근거해서 함무라비 왕이 맛보았던 식탁을 재현해보면 어떨까. 우선 앞에서 소개한 마리 왕의 저녁 식사에 등장한 보릿가루로 만든 신맛 나는 엠툼빵을 만들어보자. 일단 보릿가루와 엠머밀로 빵 반죽을 만든다. 그 반죽에 에일 효모(건조 효모로 대용 가능)를 넣어 발효시킨 후 구워서 빵을 만든다.

두 번째 음식은 수프다. 겨자 알갱이로 국물을 내고 양파, 마늘, 리크를 넣는다. 리크 대신 대파를 사용해도 괜찮다. 겨자 알갱이는 겨자 씨를 사용한다. 이외 소금에 절인 고기는 소고기를 사용해서 재현할 수 있지만 손쉽게 만들려면 콘비프 통조림으로 대체할 수 있다. 현대 아랍 요리에도 사용하는 향신료와 파속 채소를 조합한 고대 메소포타미아식 수프다.

마지막으로 고대 메소포타미아를 대표하는 과일인 대추야자로 만든 달콤한 과자를 소개하겠다. 수메르어로 닌다이데아 NINDA.Ì.DÉ.A 혹은 아카드어로 메르스Mersu라고 불리는 구운 과자다. 닌다이데아 는 원래 '기름을 부은 빵'이란 뜻인데 이것이 점차 대추야자 열매, 기름, 버터 등을 섞어 만든 과자를 가리키게 되었다. 메르스는 고대 메소포타미아의 각 시대, 각 도시에서 제사(종교의식)에 바친 공물로 빠짐없이 등장했다. 우르 제3왕조 시대에는 신전의 문에 공물로 바 쳤고, 마리에 남아있는 문서에는 메르스를 만들기 위해 대추야자 열매 120리터, 피스타치오 10리터를 준비한다고 적혀있다. 보릿가 루와 엠머밀로 만든 반죽에 《함무라비 법전》에도 등장하는 참깨와 기름을 넣고, 대추야자와 피스타치오를 더해 과자를 구워보자.

이것이 바빌론의 이름을 위대하게 만들고, 마리와 투툴 사람들 을 허락하고, 우루크를 살린 자, 바로 함무라비 왕의 식탁이다.

● CHAPTER 2 ●

식사는 소박하게 술은 거나하게

알렉산드로스 3세
Alexander the Great III

알렉산드로스는 이렇게 많은 식재료를 갖추는 것은 말도 안 되는 일이라 생각했고, 지나치게 많은 노력과 시간이 필요하지 않겠냐며 경멸했다. 그리고 이런 기록이 새겨진 기둥을 없애라고 명령했다. 그때 그는 친구들에게 "이런 쓸데없는 식사에 대해 배워봤자 왕에게 도움이 되는 것은 하나도 없다. 방탕과 사치에는 반드시 비겁함이 따른다. 많은 음식에 탐닉하는 자들이 막상 전쟁이 터지면 참을성이 없어서 패배한 사실은 제군들 눈으로 똑똑히 보았을 터다"라고 말했다.

폴리아에누스,《전쟁술》 중에서

기원전 4세기 고대 그리스세계에 훗날 대왕으로 불리는 인물이 나타났다. 마케도니아 왕국의 알렉산드로스 3세(기원전 336~323년 재위)가 그 주인공이다.

알렉산드로스의 이야기를 하기 전에 먼저 마케도니아 왕국에 대해 살펴보자. 마케도니아인은 기원전 7세기 중반에 그리스 북부(현재 북마케도니아 공화국의 산악지대)에서 주로 목축 생활을 하며 지냈다. 고대 그리스 문헌자료에 따르면, 그리스 변방에서 독자적인 사회를 형성하고 있던 마케도니아는 알렉산드로스 1세(기원전 498~454년 재위) 때부터 남부 그리스세계로 진출을 도모하기 시작했다. 그리스인들의 축제인 올림피아 제전에도 참가해 그리스 신화의 영웅인 헤라클레스가 자국 왕가의 조상이라는 식의 건국 전설을 퍼뜨리기도 했다.

이어 아르켈라오스 왕(기원전 413~399년 재위)은 아테네의 비극 시인 에우리피데스(기원전 485~406년경)를 비롯한 그리스의 저명한 지식인과 많은 예술가를 궁정에 초청하여 마케도니아인에게 왕족이나 귀족으로서 꼭 익혀야 하는 필수 교양을 가르치게 했다. 알렉산드로스 3세가 에우리피데스의 비극을 자유자재로 외울 수 있었던 것도, 과거 바르바로이(야만인) 취급을 받던 마케도니아 왕국이 오랜 세월에 걸쳐 쌓아온 문화교육의 공이 컸다.

한편, 마케도니아의 엘리트 생활에서는 사냥이 매우 중요한 역할을 했다. 기원후 2세기에 쓰인 아테나이오스^{Athenaeos}(생몰년 미상, 기원후 200년경)의 《식탁의 현인들^{Deipnosophistae}》에는 고대 그리스세계의 다채롭고 풍부한 식재료와 요리법, 그리고 연회에서의 일화 등이 실려있다. 그중에는 기원전 3세기의 역사가 헤게산드로스(생몰

식사는 소박하게 술은 거나하게

년 미상)가 마케도니아에 대해 발언한 내용도 담겨있다. 이를테면 '마케도니아에서는 그물을 쓰지 않고 활로 멧돼지를 잡을 수 있는 사람만이 연회석에서 누워 먹는 것을 허용한다고 한다. 그 일을 해내기 전까지는 의자에 앉아 식사했다'고 한다. 이런 관습은 후대에도 이어졌다.

알렉산드로스의 아버지 필리포스 2세(기원전 359~336년 재위)는 군대를 대대적으로 강화해서 그리스의 여러 도시를 정복했다. 그는 재정 기반을 확충하고 경작지를 개척했으며 농민을 육성했다. 알렉산드로스에게 필리포스 2세는 본받아야 할 인물이면서 그에게 많은 영향을 끼친 롤모델이자 아버지였다. 그가 16세 때 자신의 이름을 딴 도시 '알렉산드로폴리스'를 건설한 것은 과거에 '필리포폴리스'를 건설한 아버지를 모방한 것이다.

알렉산드로스는 아버지 필리포스 2세가 기원전 336년에 암살당해 20세의 어린 나이에 왕위에 올랐다. 그는 그리스의 여러 도시를 점령하며 아버지가 이루지 못했던 동방원정의 꿈을 실현하기 위해 막강한 마케도니아군을 이끌고 아케메네스 왕조 페르시아 영토인 아나톨리아를 침공했다. 마치 강력한 신과 같이 선봉에 서서 칼을 휘두르는 알렉산드로스의 모습에 병사들은 절대적인 지지를 보냈다. 마침내 알렉산드로스는 이소스 전투에서 페르시아 왕 다리우스 3세(기원전 336~330년 재위)의 대군을 격파하고, 페니키아와 가자를 정복한 뒤 이집트로 향했다.

　당시 페르시아의 지배에 고통받던 이집트인들은 알렉산드로스를 해방자로서 환영했고, 알렉산드로스는 이집트의 신인 아몬을 모시는 신전에서 그가 '신의 아들'이라는 신탁을 받았다. 또한, 알렉산드로스의 지시로 땅에 보릿가루를 뿌려 선을 그었는데, 마침 떼를 지어 나타난 새들이 보리를 거의 다 먹어 치운 일이 있었다. 점술사는 이에 대해 '넘쳐날 만큼 풍요로운 생활을 실현할 것'이라고 해석했다. 알렉산드로스는 나일강의 하구에 자신의 이름을 딴 도시 알렉산드리아를 건설하여 그 말을 현실로 만들었다. 기원전 4세기부터 현대까지 계속 이어진 이집트의 대도시 알렉산드리아는 알렉산드로스가 정복지 각지에 다수 건설한 그리스풍 식민도시 알렉산드리아 중에서도 가장 유명한 곳이다.

　이후 알렉산드로스와 그의 군대는 메소포타미아에서 페르시아의 안쪽 깊숙이 계속 동진했다. 그는 바빌론과 수사를 공략하고 수도 페르세폴리스에 불을 질러 도시를 완전히 파괴했다. 알렉산드로스는 아케메네스 왕조 페르시아를 멸망시킨 후 박트리아(현재의 중앙아시아 일부) 지역으로 진군하여 그 지역 호족의 딸 록사나와 결혼했다. 그는 더 나아가 서북부 인도의 펀자브 지방(현재 파키스탄 북부)까지 진군하여 최종적으로 서쪽 그리스부터 동쪽 인도에 이르는 대제국을 건설했다.

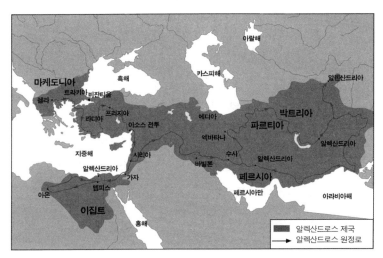

알렉산드로스 제국

알렉산드로스는 더 넓은 영토 확장을 꿈꿨지만, 공교롭게도 때마침 우기에 접어들면서 진군이 어려워졌다. 게다가 오랜 원정 탓에 피로가 극심하게 누적된 병사들의 불안과 불만의 목소리가 터져 나오기 시작했고, 고향으로의 귀환을 요구하기에 이른다. 알렉산드로스는 결국 더 이상의 원정을 포기하고 일단 마케도니아 본국으로 돌아가기로 한다.

그런데 메소포타미아의 바빌론까지 다다른 알렉산드로스는 그곳에서 열병에 걸려 허무하게 죽고 말았다. 32년의 짧은 생애였다. 동방원정을 시작한 기원전 334년부터 323년 사망하기 전까지 12년이라는 짧은 기간 동안 그는 많은 업적을 이루었다.

알렉산드로스는 '가장 강한 자가 제국을 계승하라'는 유언을 남겼지만, 그의 사후에 태어난 아들 알렉산드로스 4세를 포함해 그 어떤 인물도 불세출의 영웅 알렉산드로스만큼의 영향력을 갖지 못했다. 알렉산드로스의 부하 장군들은 잇따라 스스로 후계자(그리스어로 디아도코이)의 이름을 내세웠다. 그들끼리 서로 다툰 끝에 알렉산드로스의 제국은 결국 프톨레마이오스 왕조 이집트, 셀레우코스 왕조 시리아, 안티고노스 왕조 마케도니아 세 나라로 분열되어 버린다. 이때부터 약 300년가량 이어진 '헬레니즘 시대'의 막이 열렸다.

• 담백한 소식가 알렉산드로스 •

앞에 언급한 알렌산드로스의 일화에 대해 조금 더 상세하게 이야기를 해보자. 알렉산드로스는 대체 무엇을 경멸했던 것일까? 알렉산드로스는 점령한 페르시아 궁정 기둥에서 페르시아 왕의 호화로운 아침과 저녁 식사의 식자재 기록이 새겨진 것을 보았다.

엄청난 양의 정제된 밀가루, 보릿가루, 수백 마리의 황소, 수백 마리의 거위, 염주비둘기, 우유, 마늘, 양파, 사과즙, 키케온(고대

식사는 소박하게 술은 거나하게

죽의 일종), 포도, 소금, 셀러리 씨, 참기름, 아몬드, 포도주….

이것들은 기록의 일부에 불과하다. 알렉산드로스의 가신^{家臣}인 마케도니아 병사들은 이를 읽고 페르시아의 호사스러운 식사를 부러워하거나 놀라워했지만, 알렉산드로스만은 다르게 반응했다. 이 정도로 어마어마한 식재료를 모으는 것은 제정신이 아니며 왕으로서 득 될 것이 하나도 없다고 일축한 것이다.

실제로 알렉산드로스는 왕으로서 자신을 엄격하게 통제하는 것이 왕의 의무이며 식사도 그렇게 해야 한다고 생각했다. 맛있게 아침을 먹기 위해 야간 행군을 하고, 맛있게 저녁 식사를 하기 위해 아침을 간소하게 먹으려고 노력했다. 1~2세기 로마제국 시대에 《플루타르코스 영웅전^{Lucius Mestrius Plutarchus}》(대비열전)을 저술한 그리스인 역사가 플루타르코스^{Plutarch}(기원후 46~120년경)는 알렉산드로스에 대해 '식성도 매우 담백한 소식가'라고 그의 식습관을 기록했다.

물론 알렉산드로스도 대규모 연회를 개최했다. 《식탁의 현인들》에는 무려 6,000명의 군인을 대접한 일화가 실려있다. 이 연회에서는 은으로 만든 의자와 보라색 천을 두른 은으로 만든 침대도 준비했다. 알렉산드로스는 마케도니아의 관습에 따라 앉아서 식사하면서도 접대용으로 비스듬히 누워 먹을 수 있는 침대도 준비해둔 것이다. 그래서 장군들은 종종 옆으로 비스듬히 누워서 식사하기도 했다.

알렉산드로스가 가장 좋아하는 과일은 사과였다고 한다. 《식탁의 현인들》에는 《플루타르코스 영웅전》의 〈알렉산드로스 전〉을 인용해서 '마케도니아의 필리포스와 그의 아들 알렉산드로스는 사과를 좋아했다'고 했고, 미틸리니(그리스 에게해에 있는 레스보스섬의 도시)의 역사가 카레스가 기록한 부분에 따르면 '알렉산드로스는 최상의 사과가 바빌로니아 일대에서 생산된다는 것을 알고는 배를 타고 사과전쟁을 벌여 사람들의 눈을 즐겁게 했다'고 한다.

실제로 사과는 고대 메소포타미아가 산지이고, 사람들은 대추야자·무화과·석류·포도 등과 함께 즐겨 먹었다. 기원전 2000년대 우르 제3왕조 시대의 점토 서판에는 '5실라의 사과케이크 1개'라는 기록도 남아있다.

고대 그리스에서 사과는 멜론이라고 불렸다. 혼동하기 쉽지만 현대의 멜론과는 완전히 다르다. 《식탁의 현인들》에는 '맛있는 사과는 위장에 좋고, 여름 사과는 수분이 적고, 가을 사과는 수분이 많으며, 둥근 사과는 수분이 많고 위장에 좋다'는 사과의 효능에 대한 내용이 인용되어 있다. 호화로운 식사를 싫어했던 알렉산드로스에게 사과는 험난한 원정을 지탱하는 건강식의 의미가 있었을지 모르겠다.

알렉산드로스의 일화에 종종 등장하는 것이 술이다. 당시 그리스인들은 마케도니아인을 야만인이라고 여겼다. 그 이유 중 하나가 포도주를 마시는 방법의 차이인데, 그리스인은 포도주를 희석해서 마시는 반면 마케도니아인은 그 독한 술을 희석하지 않고 그대로 마셨기 때문이다.

고대 그리스인은 포도주를 희석하는 방식도 까다로웠다. 술과 물을 반반씩 섞은 경우도 있고, 술 1에 물 3, 혹은 술 2에 물 5의 비율 등 포도주 희석 방식에 남다른 고집스러움, 말하자면 그리스인만의 풍류를 즐겼던 것 같다. "술에 물을 타지 않고 마시다니, 마케도니아 사람들은 정말 야만적이야!"라고 그리스인들이 어이없어하는 소리가 들리는 듯하다.

알렉산드로스는 마케도니아 궁정의 풍습을 지키고 있었기에 포도주를 물에 타지 않고 그대로 마셨다. 일단 한번 마시기 시작하면 몸을 가누기 힘들 정도로 취하는 일도 드물지 않았다고 한다. 그는 측근들과 돈독한 관계를 위해 술자리는 좋은 윤활유라고 생각했던 것 같다. 그래서 오랜 시간의 연회에도 줄곧 자리를 지켰다. 그러다 보니 술 때문에 돌이킬 수 없는 일도 생겼다. 알렉산드로스가 측근 장교이자 오랜 벗인 클레이토스(기원전 4세기 중반~328년, 클레이토스의 누나는 알렉산드로스의 유모였다)를 연회에서 창으로 찔러 죽인 일이 발생했다. 이는 두 사람 다 몹시 취한 상태에서 작은 말다툼 끝에 벌어진 사건이었다.

이외에도 마케도니아 군인이면서 술고래로 유명한 프로테아스와의 술자리에서 알렉산드로스는 한 번에 술 13리터를, 프로테아스는 무려 19리터 반을 마셨다. 술 시합에서 진 알렉산드로스는 몸을 추스르지 못해 자리에서 일어서질 못했다는 이야기도 있다.

하지만 전투 상황이 되었을 때의 알렉산드로스는 다른 모든 것을 내던지고 눈앞의 과제에만 집중했다. 알렉산드로스의 이런 신속한 태세 전환은 대왕의 자질이자 대왕의 면모를 보여준다고 할 수 있다.

──────────── • 마케도니아의 축하연 요리 • ────────────

알렉산드로스는 페르시아 왕 다리우스 3세에게 승리한 후 측근들과 함께 엘람의 수도이며 페르시아 제국의 행정중심지인 수사에서 '신성하고 화려한' 합동결혼식을 거행했다. 이는 100명의 마케도니아인과 그리스인 신랑에 100명의 페르시아인 신부가 결혼하는 자리였으며, 이 결혼식에 많은 지인들을 초대해서 성대한 잔치를 열었다. 여기에는 강력한 두 민족이 하나로 결합한다는 정치적인 의미도 지니고 있었다. 피로연은 무려 9,000명이 초대된 엄청난 대규모 행사였다.

이때 알렉산드로스는 다리우스의 장녀 스타테이라를 두 번째 아내로 맞이했다. 알렉산드로스는 이 축하연에 마케도니아풍과 페르시아풍 양쪽의 양식을 절충한 의복을 입고 참석해서 다른 신랑들과 참석자들을 맞았다고 한다. 이전부터 페르시아풍의 복식이나 궁정 의식을 받아들이는 데에 거리낌이 없던 알렉산드로스는 두 민족의 결혼식에 걸맞은 복장을 한 것이다. 나팔 신호와 함께 축하연이 시작되었다. 알렉산드로스가 신들에게 술을 바칠 때는 나팔 소리가 멀리까지 울려 퍼졌다. 이 축하연은 닷새 동안이나 계속되었다고 기록되어 있다. 이것은 '동서 문명의 융합'을 큰 특징으로 하는 헬레니즘 문화의 탄생을 알리는 연회이기도 했다.

유감스럽게도 이 대규모 축하연의 음식에 대해서는 상세한 기록이 남아있지 않다. 다른 축하연의 식탁에 오른 요리만 구체적인 기록이 있다. 다음은 알렉산드로스의 손자 세대에 해당하는 시대에 열린 어느 부호의 결혼식 피로연의 메뉴다.

개똥지빠귀, 집오리, 연작류 등을 구운 요리가 셀 수 없이 많고,
여기에 달걀을 입힌 완두콩 요리, 굴, 가리비 등등. 이런 많은

음식이 한가득 담긴 접시를 사람들에게 차례로 나누어주었다.

아테나이오스, 《식탁의 현인들》 중에서

이외에도 속을 꽉 채운 새끼 돼지 통구이가 큰 은접시에 담겨 나왔고, 특별히 만든 다양한 빵, 닭, 오리, 거위, 염주비둘기나 자고새 같은 새 요리, 토끼, 새끼 염소 요리 등이 접시에 가득 담겨 나왔다.

알렉산드로스가 통치하는 동안 계속 늘어가는 정복지에서 진귀한 과일과 물고기 등의 식재료가 많이 들어와 식비도 계속 늘어났다. 원래 마케도니아인의 식습관은 소박한 편이었지만 점점 호화롭고 고급스러워졌다. 그것이 손자 세대의 연회 음식에 잘 나타나고 있다. 질실강건質實剛健(꾸밈없고 진실하며 심신이 건강함)을 중시한 알렉산드로스의 가르침은 페르시아의 영향을 받은 호화로운 음식들 앞에 무릎 꿇고 말았다.

앞에 언급한 마케도니아 요리의 하나인 '완두콩 요리'는 레시피가 존재한다. 현존하는 가장 오래된 요리서 고대 로마 시대의 《아피키우스Apicius》*에 이 완두콩 요리의 레시피가 실려있다.

완두콩과 고기를 잘게 썰어 볶고 후추, 오레가노, 생강 등으로 만

● 이 책의 전체 제목은 《데 레 코퀴나리아》로 이 책에 영향을 많이 받은 마르쿠스 가비우스 아피키우스가 이름이 같은 바람에 이 책의 저자로 오인받았다. 아피키우스는 음식에 대한 사랑을 의미한다.

든 향신료 혼합물을 넣은 다음 달걀, 꿀, 화이트 와인, 생선장을 한데 섞어 액체소스를 만들고 용기 안에 모든 재료를 담는다. 그러면 완두콩과 고기의 풍미를 달걀이 잡아주고 거기에 생선장과 꿀의 향이 더해져 짭짤하면서도 달콤한 맛이 나는 매혹적인 마케도니아풍 완두콩 요리가 완성된다.

─────── • 동방원정이 만든 음식문화의 교류 • ───────

알렉산드로스의 동방원정은 음식에 대한 새로운 사고를 확산시키는 계기가 되었다. 새로운 식재료가 동쪽에서 서쪽으로, 서쪽에서 동쪽으로 이동하고 그리스, 마케도니아, 페르시아의 음식과 요리법이 서로 만난 것이다.

동쪽에서 서쪽으로 이동한 동물 중에는 인도에서 가축화된 암탉이 있다. 고대 유럽에서 닭은 보기 드물었고, 고급 음식으로 저녁식사나 향연의 중심 요리였다. 쌀도 유럽세계에 알려졌다. 쌀은 그리스어로 이미 오뤼존^{ὄρυζον}이라는 이름이 있었지만, 식물학의 창시자 테오프라스토스^{Theophrastos}(기원전 371~287년)의 《식물지에 대하여》에 언급되는 정도로, 대부분의 그리스인에게는 아직 익숙하지 않은 곡물이었다. 쌀은 최종적으로 라틴어 오리자^{oryza}라는 이름으로 유럽에 정착하기 시작했는데 사람들 사이에서 일반적인 곡물로 여겨질 때까지 꽤 오랜 시간이 걸렸다.

닭과 쌀이 서방세계로 향한 한편, 서쪽에서 동쪽으로 향한 식물은 포도나무다. 그리스와 레반트(지중해 동부 해안)에 사는 사람들이 수세기 동안 즐겨 먹어온 포도와 포도주는 기원전 2세기에 중국까지 도달했다. 기원후 7세기 중국 당나라에서는 포도를 모티브로 한 당초문양(덩굴무늬)이 널리 활용되었으며 일본에서도 8세기 나라시대에 불교 중심의 화려한 덴표 문화(덴표 시기에 성행한 문화로 불교 색채가 강함)의 문물을 장식했다.

이외에 옛 페르시아 영토에는 새로운 지배자가 가져온 그리스 문화가 폭넓게 침투해서 그리스의 맛을 찾는 사람들도 생겨났다. 그 결과 옛 페르시아 영토에 그리스의 채소와 과일나무들이 이식되어 품종과 재배방법의 개량이 이루어졌다. 예를 들어 이집트에서는 순무, 비트, 아스파라거스, 배 등이 자라게 되었다.

동서 음식문화 교류의 혜택을 가장 많이 본 사람은 고대 그리스인에게 '야만인' 소리를 들었던 마케도니아 궁정 사람들이다. 그리스의 세련된 연회와 페르시아의 호화찬란한 연회가 유입되면서 당시의 최첨단 유행을 접할 수 있었기 때문이다. 이러한 음식문화는 헬레니즘 국가들의 흥망성쇠를 거쳐 로마와 인도로 이어졌고, 더 나아가 현대의 유럽과 아시아 각지에서 면면히 살아 숨 쉬고 있다.

CHAPTER 3

멸종위기종 식물의 마지막 한 줄기

네로
Nero

Nero

네로는 클라우디우스에 대해 기지가 넘치는 말을 했다. 어느
연회석에서 식탁에 버섯이 나왔을 때 누군가가 버섯은 신들의
음식이라고 말하자, 그것을 듣고 네로는 "그 말이 맞다. 버섯을
먹고 내 아버지는 신이 되었다"고 덧붙였다.

카시우스 디오, 《로마사》 61·35·4

고대 로마가 제정을 시작한 지 80여 년이 지난 서기 54년에 16세
소년이 황제에 즉위했다. 제5대 황제 네로(54~68년 재위)의 탄생이
다. 어머니 아그리피나에 의한 감독, 갈리아 출신의 근위장관 부루
스와 히스파니아 출신의 철학자이자 가정교사였던 세네카의 보좌
를 받으며 네로의 통치가 시작되었다. 이후 네로는 통치 기간에 어
머니와 아내 살해, 그리스도교인에 대한 박해, 브리타니아(현재 영
국의 그레이트브리튼섬)에서의 반란·발발 등 많은 사건으로 '폭군'과
'악정을 펼쳤다'는 꼬리표가 따라붙게 된다. 그러나 모든 일에는 이

유가 있기 마련이다. 치열한 권력의 암투 속에서 황제가 된 네로의 다양한 에피소드를 읽다 보면 인간적인 면모도 발견하게 된다.

네로는 복잡한 환경에서 성장했는데, 이는 어머니의 영향이 컸다고 할 수 있다. 어머니 아그리피나는 초대 황제 아우구스투스의 증손자이자 제3대 황제인 칼리굴라의 여동생이었다. 칼리굴라가 제위에 오른 37년에 아그리피나는 아들을 낳았다. 아들의 이름은 '루키우스 도미티우스 아헤노바르부스', 이 아이가 후에 '네로'라고 불리게 된다.

41년에 칼리굴라가 암살되자 그녀의 숙부 클라우디우스가 뒤를 이었다. 아그리피나는 네로를 낳은 후 아들을 황제에 즉위시키겠다는 야심으로 클라우디우스와 재혼한다. 황후가 된 아그리피나는 당시의 여성으로서는 이례적으로 정치에 적극적으로 개입했으며, 네로를 황제로 만들기 위해 세네카와 부루스와 같은 우수한 인재를 초빙하는 등 주도면밀하게 준비했다. 클라우디우스의 갑작스러운 죽음도 아그리피나에 의한 독살이라고 알려져 있다.

앞에서 소개한 네로의 유머러스한 발언은 황제가 되어버린 심정을 토로함과 동시에 자신의 생명이 위험함을 암시하는 것이다. 그는 '내 어머니 아그리피나는 쓸모를 다한 새아버지 클라우디우스를 살해했을 것이다. 그렇다면 설사 친아들이라도 어머니의 칼날이 언제 나를 향할지 모른다'고 생각했다.

앞에 언급한 글에서 로마의 식문화와 관련하여 흥미로운 점을 찾
아볼 수 있다. 그것은 독살 방법으로 버섯을 사용했다는 점이다. 고
대 로마에서 버섯은 숲에서 채취하는 식재료였다. 고대 로마인들
은 버섯을 무척 즐겨 먹었는데, 운이 나쁘면 독버섯에 목숨을 잃기
도 했다.

　버섯에 사악한 힘이 들어있다고 생각한 켈트인이나 게르만인에
비해 버섯을 먹을 기회가 많았던 고대 로마인들은 식용 가능한 버
섯과 독버섯을 분류하기도 했다. 자칫 목숨을 잃을 수도 있다는 위
험을 알면서도 로마인은 버섯이 가진 풍미와 맛에 말 그대로 푹 빠
져있었다. 실제로 클라우디우스는 버섯요리를 무척 좋아했다고 알
려져 있다. 고대 로마에서는 이미 버섯의 매력을 잘 알고 있었던
모양이다.

─────── • 모든 음식은 로마로 통한다 • ───────

과거 고대 로마인은 고대 그리스인으로부터 '죽을 먹는 미개인
Porridge-eaters'이라고 비웃음을 당했지만, 로마제국은 거짓말처럼 눈

부시게 발전했다. 부유한 상류계급이 생기고 제국의 영토에는 자유 시민과 노예와 외국인이 함께 생활했다. 황제는 모든 시민이 굶주리는 일이 없도록 식량을 안정적으로 공급하는 것이 큰 책무였고, 여기에서 정책의 방향을 잘못 잡으면 시민들에게 외면당하고 원로원으로부터 실정의 낙인이 찍혔다.

당시 '모든 음식은 로마로 통한다'는 비유가 과언이 아닐 정도로 다양한 식재료가 속주(이탈리아반도 이외의 정복지)에서 수도 로마로 운송되었다. 갈리아 북부(지금의 벨기에)에서 햄, 브르타뉴에서 굴, 마우레타니아(지금의 모로코)에서 가룸^{Garum}(생선장의 일종), 아프리카 속주(지금의 튀니지)에서 야생동물, 이집트에서 꿀, 시리아에서 향신료, 카파도키아(지금의 튀르키예)에서 양상추가 수입되었다. 이것이 극히 일부의 예라는 것이 놀라울 따름이다. 로마는 세계의 강대한 제국으로서 음식에 대한 욕망을 채워나갔다. 모든 음식을 탐하며 닥치는 대로 먹어 치웠다.

한편 정복한 속주에서 식량을 생산하고 수송하기 위해 현지에 로마의 관개농업을 전파했고, 결과적으로 제국 전체의 농업생산량을 높이는 효과도 있었다. 로마인은 속주에서 과일나무, 허브, 다양한 채소, 그리고 공작, 닭, 꿩과 같은 조류동물을 가져왔다. 모든 식재료와 요리법이 '영원의 도시' 로마에 전해졌고, 궁정과 귀족의 연회에서 잘 다듬어진 뒤 다시 속주에 전해졌다. 도시와 도시를 잇는 큰길의 정비와 선박의 개발로 로마제국 선역의 교통망이 발달했고, 이를 기반으로 로마와 속주의 식문화는 점점 더 밀접하게 연결되었다.

• 안정적인 식량 공급 '파니스' •

로마 황제에게 두 가지 중요한 정책은 '음식'과 '안전'이었다. 로마에서는 공화정 말기부터 곡물의 무상배급이 시작되어 많은 시민들이 안정적으로 빵을 먹을 수 있었다. 음식을 안정적으로 시민들에게 공급하는 것은 평화로운 치세에 어울리는 일이었다. 황제 일족의 권력투쟁은 치열했지만, 네로의 통치 초기에는 다행히 사회적인 안정과 식량이 확보되어 있었다. 이는 아그리피나에게 등용된 세네카와 부루스의 보좌에 힘입은 바가 크며, 네로의 초기 5년 통치는 비교적 긍정적인 평가를 받는다.

한편 고대 로마에는 '음식=빵'이라 할 정도로 다양한 빵이 등장한다. 라틴어로 '파니스^{Panis}'라고 부르는 빵은 모든 종류의 곡물로 만들어졌다. 콩류나 쌀을 갈아서 가루로 만든 것, 빵 반죽에 기름 혹은 베이컨의 기름을 섞은 것, 빵 반죽에 버터를 넣은 것 등이 있다. 포도즙, 포도주, 우유 등을 섞은 파니스와 후추, 커민, 참깨와 같은 향신료를 넣은 파니스도 있었다. 다양한 파니스의 일례는 다음 표와 같다.

파니스 종류

명칭	의미	특징
파니스 아디파투스	베이컨 조각, 고기 지방	• 일종의 피자
파니스 무스타케우스	과즙	• 둥근 관 모양으로 월계수 잎 위에서 구워낸 빵 • 결혼잔치에서 참석자들이 나누어 먹는 과자 • 요즘의 웨딩케이크
파니스 밀리타리스	병사가 먹는 빵	• 군인식량이라고도 불린 건조 비스킷 • 군대용 보존식

────────── • 고대 로마의 음료와 네로의 선구안 • ──────────

로마제국의 음료는 어떠했는지 살펴보자. 고대 로마의 음료로 빼놓을 수 없는 것이 바로 포도주다. 고대 그리스 문화를 받아들이면서 로마인 역시 포도주를 물에 타서 마시는 것을 당연하게 여겼다. 그대로 마시는 것은 야만적이고, 희석하지 않은 포도주는 신에게 바칠 때만 가능하다고 생각했다. 물뿐만 아니라 사프란이나 꿀 등을 첨가해서 향과 색을 즐겼다. 포도주에 꿀을 탄 '물숨^{Mulsum}'은 식전주로 마셨고, 포도주와는 별개의 음료로 여겼다.

이외에도 테후루툼은 과즙을 졸여 만든 시럽으로, 우유와 함께 아이들이 주로 마시는 음료였다. 여행객이나 병사들이 마시는 음료에는 물과 식초를 섞어서 가지고 다니는 '포스카^{Posca}'가 있었다. 물론 우물물이나 받아둔 빗물도 마셨다.

네로는 물과 관련하여 한 가지 방안을 제시했다. 빗물을 팔팔 끓인 후, 눈으로 식혀서 마시자는 제안이었다. 현대를 사는 우리의 시각에서는 위생적이고 매우 괜찮은 제안이라고 생각할 수 있지만, 당시 로마 시민들에게는 비상식적인 것으로 전혀 받아들여지지 않았다. 그리스의 우수한 자연과학을 체득하여 지금도 사용될 정도로 뛰어난 수도 시스템을 갖춘 로마인이었지만, 생수에 세균이 들어있다는 개념이 없었고 연료를 낭비하면서까지 물을 끓인다는 행위를 이해하지 못했다.

당시에는 냉장고가 없었다. 알프스에서 일부러 눈을 옮겨와서 차갑게 식혀 물을 마신다는 행위는 매우 사치스럽게 보였다. 각지에서 온갖 풍부한 식재료가 모이는 로마제국이지만, 그 근저에는 질실강건이라는 선조의 미풍양속이 있었다. 여름에 물을 일부러 차갑게 식혀서 마시는 네로의 행동은 사치의 극치라고 부정적으로 받아들여졌을 것이다.

원래 소박한 음식을 좋아하며 곡물과 콩류를 즐겨 먹었던 로마인
은 기원전 146년에 그리스를 정복하고 마침내 지중해 연안 전역
의 지배세력이 되었다. 그들은 세련된 그리스 문화를 목격하고 이
를 받아들였다. 이 유연함이 로마제국의 특징 중 하나다. 식문화도
마찬가지로 벌꿀, 비니거(식초), 생선장에 여러 가지 허브와 향신료
류를 받아들였다. 공화정에서 제정으로 시대가 흐르면서 로마인이
사용하는 허브나 향신료가 더 다양해졌고, 점차 포도즙이나 꿀을

맛의 네 가지 분류

미각	식재료	내용
쓴맛	커민, 딜, 고수, 회향, 셀러리 등	• 로마보다 천 년 훨씬 이전부터 고대 이집트에서 사용함 • 고대 지중해세계의 음식문화를 계승한 '톡 쏘는 맛'을 쓴맛으로 인식함
신맛	감귤류 과즙, 와인식초	• 시칠리아는 당시부터 레몬의 주요 산지였고, '로마의 호수'가 된 지중해 연안 지역의 기후는 레몬 재배에 적합했음 • 플리니우스의 《박물지》에 기록된 '시트러스'가 레몬일 것이라고 추정하기도 함
짠맛	소금, 가룸	• 가룸은 로마를 대표하는 조미료임 • 가룸의 제조방법은 로마제국의 멸망과 함께 사라짐
단맛	벌꿀	• 스테이크, 샐러드, 리소토, 디저트에도 모두 꿀이 사용됨

첨가한 진한 양념으로 바뀌었다.

　로마는 의술에서도 그리스의 영향을 받았다. 기원전 5~4세기의 의사 히포크라테스는 미각을 쓴맛, 신맛, 짠맛, 단맛의 네 가지로 분류했는데, 고대 로마에서는 맛의 농도가 한층 진해졌다. 그들은 대담하고 과감하게 각각의 맛을 추구했고 식재료에 향신료를 듬뿍 뿌렸다. 네 가지로 분류한 맛의 구체적인 예는 표(48쪽)와 같다.

──────── • 마지막 한 줄기는 네로의 뱃속으로 • ────────

고대 로마인이 가장 사랑한 향신료는 실피움silphium이었다. 쓴맛이 나는 이 허브는 속주 키레나이카(지금의 리비아)에서 자생한 식물인데 재배되지는 않았다. 이 식물의 줄기와 뿌리를 삶거나 구워 먹을 수 있지만, 가장 중요한 것은 뿌리에서 추출한 즙이다. 이 즙을 수액상태로 만든 '라세르Laser'가 향신료로 수출되었다. 마늘과 비슷한 맛이었다고 한다.

　실피움은 재배가 불가능했기 때문에 희소가치가 높았고, 양들도 이 식물을 좋아했다. 해군 제독이자 박물학자 대大 플리니우스Plinius 가 쓴《박물지博物誌》에는 이렇게 적혀있다.

이제 오랫동안 그 나라에서는 이것을 볼 수 없다. 왜냐하면 목장을 강탈한 세금 징수업자가 그곳에서 양을 방목했는데, 양들이 그것들을 깨끗이 없애버렸기 때문이다. (중략) 우리의 기억으로는 단 한 줄기가 그곳에서 발견되었는데, 그것을 네로 황제에게 보냈다.

실피움은 직접적으로는 양의 먹이로, 간접적으로는 사하라 사막화가 진행되면서 멸종위기에 처한 것으로 보인다. 《박물지》의 기

고대 로마시대의 향신료인 실피움은 만병통치약이라 불리며 멸종이 얼마 남지 않았을 때는 금과 동일한 가치를 가졌었다.

멸종위기종 식물의 마지막 한 줄기

록대로라면 귀중한 마지막 한 줄기를 로마인이 뽑았고, 네로 황제가 먹었으며, 그렇게 실피움은 지구상에서 사라졌다. 어쩔 수 없이 실피움 대신 아위나 다진 마늘을 사용해 고대 로마의 맛을 슬쩍 재현해보지만, 현재는 실피움을 직접 맛볼 수 없어서 아쉽다.

---------- · 네로 축제의 탄생 · ----------

59년에 네로는 엄청난 일을 벌였다. 12세에 정략결혼을 한 옥타비아(전 황제 클라우디우스의 딸)와 이혼하고 귀족 출신 포파이아와 재혼을 원했던 네로는 이를 강하게 반대한 어머니 아그리피나를 살해한다. 이후 네로는 '친모 살인자'라는 비난에도 아랑곳하지 않았으며 그의 통치는 점점 더 흉포해졌다. 62년에는 이혼과 재혼을 강행하고 정숙한 부인으로 평판이 자자했던 전처 옥타비아에게 간통죄의 오명을 씌워 자살하도록 만들었다.

한편 60년에 네로는 올림피아 축제에 맞서 5년에 한 번씩 열리는 '네로 축제'를 창설했다. 축제는 음악, 체육, 전차 경주 등 세 부문으로 구성되었다. 참고로 제정 로마를 상징하는 '빵과 서커스' 중 서커스는 오늘날의 곡예와 같은 서커스가 아니라 전차 경주를 뜻한다.

네로 축제는 1960년 로마 올림픽으로부터 딱 1900년 전에 열린, 말하자면 '고대 로마의 올림픽'이라 할 수 있다. 네로는 이 축제에 하프, 시, 변론 세 종목에 출전하기도 했다. 네로는 로마의 황제이면서도 고대 그리스 문화를 사랑한 한 사람이었다. 스스로 예술에도 조예가 깊다고 자부한 그는 하프를 연주하면서 노래를 불렀다.

64년에 네로는 시인으로서 나폴리(당시 이름은 네아폴리스, 그리스어로 새로운 도시라는 뜻) 무대에도 섰다. 이 도시는 원래 그리스인의 식민도시로 세워진 곳으로 네로가 좋아하는 그리스 문화가 많이 있었다. 폼페이우스 극장에서 네로의 독창회가 열렸는데, 너무나 지루했다는 혹평을 받았다. 하지만 네로가 가진 자부심은 진심이었다. 네로는 스스로 미성을 가진 가수라는 자신감을 갖고, 좋은 목소리를 지키기 위해 금욕적인 식생활을 했다고 전해진다.

네로는 올림피아 축제에도 참가했는데, 그리스인들이 800년 이상 굳건히 지켜온 4년에 한 번이라는 개최 주기를 앞당겨, 원래 69년에 개최될 예정이던 올림피아 축제를 67년에 열게 했다. 이때 네로는 전차경기에서 우승했다. 다만 '경기 도중에 전차에서 떨어졌어도 결승지점까지만 갔다면 황제 폐하가 우승했을 것'이라는 이유로 말이다. 어떤 형태로든 네로의 우승은 이미 정해진 경기였다. 이를 모르는 사람은 네로밖에 없었다. 이뿐만 아니라 변칙적으로 개최한 올림피아 축제에서 전통에 없던 음악 종목을 억지로 추가했고, 우승은 당연히 네로의 차지였다.

네로는 황제이기 전에 한 명의 인간이었다. 그에게는 당시 사회에서 멸시받던 예술인이 되고 싶다는 바람이 있었다. 특히 노래를 좋아해서 수천 명의 관중을 모아놓고 음악회를 여는 것이 취미였을 정도다.

───────────── • 미성의 약 리크 무침 • ─────────────

제정 로마 시대 사람들은 대체로 복잡한 양념 맛을 선호했지만, 네로가 좋아한 요리는 매우 담백했다. 그는 리크를 올리브유로 버무린 요리인 포로파구스^{Porrophagus}를 좋아했는데, 그리스어에서 유래한 말로 '리크를 먹는 사람'이라는 의미다.

리크는 당시에 목소리를 좋게 하는 채소로 알려져 있었다. 황제이자 예술인이며 가수라는 자부심이 있었던 네로는 평소에도 목상태에 신경 쓰며 매월 일정한 날을 정해 리크에 올리브유를 곁들인 요리만을 먹었다. 그날에는 빵도 고기도 끊고 오로지 리크만 먹었다고 한다. 네로는 리크를 '미성의 약'으로 여겼던 것 같다. 노래를 좋아하는 그에게는 좋아하는 음식을 넘어 절대로 빠트릴 수 없는 필수 음식이라고 할 수 있다. 아름다운 목소리를 지키고자 노력한 네로의 심정을 생각하며 이 요리를 살펴보자. 《아피키우스》에 리크 요리 레시피가 실려있다.

충분히 자란 리크를 요리한다. 기름과 약간의 소금을 넣은 물에 리크를 삶는다. 리크를 건져낸 후 기름, 리쿠아멘, 희석하지 않은 포도주를 뿌려서 낸다.
또 다른 리크 요리법: 양배추잎으로 리크를 싸서 삶는다. 이후는 앞의 요리방법과 같다.

네로는 특정한 날에는 리크 이외에 다른 음식을 일절 먹지 않았다고 하니, 전자의 방법으로 리크 요리를 만들어보자. 기름은 올리브유로 한다. 고대 로마에서는 올리브유가 일상생활에서 없어서는 안 될 필수품이었고, 다양한 품질의 올리브유를 구할 수 있었다. 올리브유는 요리뿐만 아니라 의약품, 화장품, 등불, 종교의식, 운동이나 경기 등 다양한 곳에서 폭넓게 사용되었다. 황제를 위해서는 가장 처음 짠 최고급 엑스트라버진 오일을 듬뿍 사용했을 것이다.

《아피키우스》의 레시피에 나오는 리쿠아멘^{Liquamen}은 액젓의 일종으로 가룸과 비슷한 조미료다. 짠맛이 강한 조미료로 고대 로마의 식탁에 등장하는데, 좋은 목 상태를 유지하는 데에 고심한 네로는 아마도 리쿠아멘은 사용하지 않았을 것이다. 이어서 나오는 희석하지 않은 포도주도 마찬가지다. 그래서 올리브유와 소금을 넣은 뜨거운 물에 데친 리크에 엑스트라버진 오일을 뿌리면 요리는 완성이다. 만드는 방법은 아주 간단하지만 리크의 풍미가 사방에 퍼지고 깊은 맛이 난다.

• 네로가 진짜 바라던 것 •

68년에 맞이한 네로의 최후는 실로 허망했다. 시민들에게 식량의 안정적인 공급을 이행한다는 황제의 책무를 중도에 포기하고 오락에 심취한 것이 발단이었다. 곡물 가격의 폭등에 시달리던 로마 시민들은 밀을 싣고 있는 줄로 알았던 수송선에 사실은 경기장에 쓰이는 모래가 실려있다는 사실을 알게 되었다. 이 일로 네로는 시민들에게 황제 실격이라는 낙인이 찍히게 된다.

한편 68년 4월, 속주인 갈리아에서 반란이 일어났다. 사람들은 네로가 황제라는 자리에서 나라를 사유화하고, 어머니와 아내를 죽였으며, 유능한 인재를 국가 반역의 죄명으로 죽이고, 천한 예인의 모습으로 서툰 노래와 하프를 켜며 즐거워하고 있다며 네로의 폭정을 규탄했다. 전부터 황제 타도의 기회를 노리던 귀족들과 원로원은 이에 편승하여 네로를 '국가의 적'으로 선포했다. 결국 네로는 해방노예 출신인 애인 아크테를 제외한 모든 사람에게 버림받고 재위한 지 14년 만에 자살을 선택했다. 그의 마지막 말은 "이렇게 한 예술가가 죽는다. 얼마나 아까운 예술가가 나의 죽음으로 인해 사라지는가!"였다고 전해진다.

이 말에 네로의 모든 것이 담겨있다고 할 수 있다. 어머니의 욕망으로 황제에 오른 후 로마를 통치하기 위해 자신의 역량을 키워나갔지만, 그가 정말 되고 싶었던 것은 세계제국 로마의 절대권력자가 아니라 동경하던 그리스 문화를 몸소 표현할 수 있는 예술가였다. 이를 위해 그는 옛 고대 로마의 식생활처럼 소박하면서 금욕적으로 리크를 먹으며 미성을 지키고자 했다. 자신의 공연을 바라는 로마 시민들을 위해서라는 생각에서 한 행동이었지만 유감스럽게도 그것은 네로의 환상이었다.

그럼에도 네로가 모든 현실에서 해방되는 순간은 노래 부를 때였다. 30세에 죽음의 순간을 맞을 때까지 그 바람은 변하지 않았다. 이후 황제의 기록을 말살하려 한 원로원의 의도와는 달리 대중에게 사랑받고 싶었던 네로의 소박한 무덤에 꽃을 바치는 시민들의 발길이 끊이지 않았다는 기록도 있다.

혹시 리크를 먹을 기회가 있다면, 어쩌면 노래 부르며 대중에게 사랑받는 예술가의 삶을 살고 싶었을지 모르는 2000년 전의 네로 황제를 떠올려보자.

CHAPTER 4

그녀가 사랑한 열대과일

양귀비

楊貴妃

楊貴妃

양귀비는 여지를 좋아해서 꼭 싱싱한 것을 먹고 싶어 했다. 그
때문에 기마병이 말을 타고 수천 리를 달려 여지의 맛이 변하
기 전에 장안에 도착했다.

《신당서》 권 76 〈열전 제1 후비 상〉에서

양귀비(719~756)는 당나라 제6대 황제인 현종(712~756년 재위)이 다
스리던 시기인 719년(개원 7년)에 태어났다. 어린 시절 이름인 옥환
玉環은 비취옥으로 만든 고리, 즉 허리에 드리우는 장신구를 의미한
다. 중국에서는 고대부터 옥에 신령한 기운이 깃들어있다고 생각
해서 아름다움이 담긴 옥玉자가 들어간 여성 이름이 많았다.

아버지 양현염은 촉주에서 사호司戶라는 직책의 하급관리였다. 촉
주는 지금의 쓰촨성 충저우시다. 촉주에서 당시의 수도인 장안까
지는 북동쪽으로 약 750킬로미터 거리다.

앞에 인용한 일화에 나오듯이 양귀비는 어린 시절부터 여지를

좋아했다. 당시에는 특히 중국 남부 광동성에서 생산된 여지의 맛이 최상이라고 알려졌는데, 양귀비가 싱싱한 여지를 맛볼 수 있도록 먼 남쪽에서 장안까지 말을 달려 가져오게 했다고 한다. 이 일화는 양귀비가 어린 시절에 맛있게 먹었던 과일의 맛을 잊지 못해 집착한 것으로 볼 수 있다. 오늘날 맛볼 수 있는 여지도 맛있는데, 당시에는 얼마나 맛있었을지 싶다.

옥환은 어렸을 적에 부모를 잃고 촉주의 지방관이었던 숙부 양현교의 슬하에서 자랐다. 이후 735년(개원 23년) 현종과 무혜비(699~738)의 아들이자 제18황자인 수왕 이모(715~775)의 비가 되었다. 무혜비가 사망하고 옥환은 740년 10월에 장안에서 동쪽으로 25킬로미터 정도 떨어진 곳에 있는 여산 아래 온천궁 화청지에서 시아버지인 현종을 처음 만나게 되었다. 옥환이 마음에 든 현종은 아들 부부를 이혼시킨 뒤에 옥환을 출가시켜 도교 사원의 관리를 맡겼다가 다시 환속시키는 복잡한 과정을 거쳐 마침내 그녀를 자신의 비로 만들었다.

745년(천보 4재)에 옥환은 현종의 후궁으로 입궁해서 정비의 다음 자리인 귀비로 책봉된다. 이후 양귀비는 현종의 총애를 독점하게 되는데,《장한가전》(현종과 양귀비 이야기를 다룬 소설)이나《신당서》〈후비전〉(중국 정사) 등의 기록에 따르면 양귀비는 미모뿐 아니라 재능과 기지가 있으며 춤도 뛰어나고 음악적 소질도 있는 인물이었다.

여지 재배의 역사는 2000년이 넘었다. 중국 고유의 과일인 여지의
중국어 발음은 리치^{Lizhi}다. 오늘날 여지는 중국의 광동성, 복건성,
해남성, 사천성, 운남성, 광서 치완족 자치구 등에 폭넓게 분포되어
있다.

   여지가 역사상 처음 등장한 것은 기원후 2세기다. 중국 전한의
문학자 사마상여^{司馬相如}가 지은 《상림부^{上林賦}》에 리지^{離支}가 심어져
있다고 적혀있다. 당시에는 '리지'라고 기록했다. 위진남북조 시대
북조의 북위에서 530~550년 사이에 편찬된 것으로 추정되는 가
사협이 저술한 중국 최고의 농업서적 《제민요술》에는 '여지'라고
기록되어 있다.

'양귀비의 과일'이라고 불리는 여지는 얇은 껍질 안에 들어 있는 흰색의 반투명한 과육
의 맛이 일품이다.

사료에 기록된 여지

《광지廣志》	《이물지異物志》
진나라 학자 곽의공이 편찬한 사서 (3세기 말~4세기 말)	후한시대 중국 한나라 양부의 저서
• 여지나무는 높이가 5~6장※이고 육계나무와 비슷하다. • 초록 잎이 무성하고 겨울과 여름에도 울창하다. • 꽃은 푸르고, 열매는 붉으며 달걀 크기만 하다. • 씨는 흑갈색에 가깝고 익은 연밥과 비슷하다. • 과육은 비계처럼 하얗고, 달콤하고 즙이 많다. • 석류처럼 새콤달콤한 것도 있다. • 하지가 지날 즈음에 새빨갛게 익은 열매를 먹으면 좋다. • 나무 한 그루에서 열리는 열매가 100석斛이나 된다. • 건위, 북도, 남광에서는 여지가 익을 때 온갖 새들이 살찐다. • 여지의 이름은 질에 따라 '초핵', '춘화', '호게'라고 부른다. • 거북알같은 크기에 너무 신 것은 누룩에 절여 맛을 순하게 한다. • 대개 논에서 자란다	• 여지는 독특한 열매다. • 즙이 많고 단맛이 나 입맛을 돋운다. • 살짝 새콤해서 더 맛이 좋다. • 많이 먹어도 물리지 않는다. • 신선할 때는 크기가 달걀만 하고 윤택이 있다. • 껍질을 벗기고 말리면 크기가 작아져 신선할 때와는 맛이 꽤 다르다. • 4월이 되면 비로소 익는다

그녀가 사랑한 열대과일

현종은 당나라 역사상 가장 긴 44년을 재위했는데, 천하가 태평하고 인구가 증가하여 국력도 튼튼한 시대였다. 그야말로 당의 전성기(성당)였다. 장안성의 규모는 남북의 길이가 8,651미터, 동서의 길이가 9,721미터에 달하며, 북쪽 중앙에 황궁인 태극궁을 중심으로 바둑판처럼 반듯하게 도로를 건설하여 동서남북으로 구획했다. 넓이는 약 8,000헥타르 정도이며 동서 양쪽에 시장이 있었다. 서시 西市(국제시장)에는 페르시아인과 소그드인, 위구르인 등 각국의 상인들이 거주하며 장사를 했다. 8세기 전반 현종시대에 장안은 인구 70~100만 명을 자랑하며 당시 세계 최대 규모의 국제도시로 번성했다.

장안성 내에는 수많은 불교 사원과 도교 사원 외에도 네스토리우스파 기독교의 경교 사원인 대진사大秦寺와 조로아스터교 사원인 배화신전 천사祆祠가 있었다. 또한, 안사의 난●이 발발했을 때 위구르 원군의 도움을 받은 이후 위구르의 입김이 세지면서 그들이 신봉하는 마니교의 회당 설치를 허용해 마니교 사원인 대운광명사大雲光明寺가 건립되었다.

● 당나라 중기 안녹산과 사사명 등이 현종과 당시 정치세력에 일으킨 반란으로, 이 안사의 난 전후로 당의 여러 제도에 큰 변화의 바람이 불었다.

이슬람 세력과는 전투를 벌임과 동시에 교류도 이루어졌는데, 당나라는 중앙아시아까지 영역을 확장하여 아바스 왕조(제5장)와 접하고 있었다. 751년에 동유라시아의 패권을 장악한 당나라와 서아시아의 아바스 왕조가 탈라스강(현재의 카자흐스탄과 우즈베키스탄의 국경 부근)에서 서로 물러설 수 없는 전투를 벌였다. 결국 아바스 왕조가 승리했고, 당나라의 서역 진출이 막힘과 동시에 중앙아시아의 이슬람화가 진행되었다.

한편 당나라 군대의 포로를 통해 이슬람세계에 아마포^{linen} 헝겊을 원료로 한 제지법이 전해졌다. 제지법의 전파는 동서문화의 교류에서 엄청난 사건이었다. 아랍인과 페르시아 상인들이 장안에서 활발히 상업활동을 하면서 장안에도 이슬람교가 자연스럽게 확산되었다. 그 결과 742년에 중국에서 가장 오래된 모스크^{Mosque}(이슬람교도의 예배당)인 대청진사^{大淸眞寺}가 시안에 건립되었다.

──────── • 당나라 4대 황제 중종에게 바친 음식 • ────────

당대 유적에서 젓가락이 많이 출토되었는데 특히 은제 젓가락을 많이 볼 수 있다. 당시 연회에서는 큰 식탁 주위로 여러 사람이 긴 의자에 둘러앉아 음식을 먹는 것이 일반적이었다. 자기 앞에 젓가

그녀가 사랑한 열대과일

락과 숟가락을 나란히 놓아두고 식사할 때 구별하여 사용했다고
한다.

《제민요술》처럼 요리법이 기록된 당나라 시대의 요리책은 현
존하지 않는다. 하지만 요리 이름이 남은 문헌은 존재한다. 무주
의 여제 무측천(690~705년 재위)과 그의 아들인 당의 제4대 황제 중
종(684~710년 재위)을 섬기고 재상을 역임한 위거원^{韋巨源}(631~710)
이 저술한《식보_{食譜}》에는 상서령(관직) 자리에 있을 때 황제 중종에
게 바친 음식 목록이 남아있다.《소미연식단》이라고도 불린 이 책
에는 수많은 요리가 기록되어 있다. 오대십국시대 인물인 도곡^{陶谷}
(903~970)의 수필《청이록_{清異錄}》에는 58종의 기발한 '소미식(황제에
게 바치는 음식)'만을 추려서 기록했다. 그 일부를 살펴보자.

> 曼陀樣夾餠、巨勝奴、婆羅門輕高麵、貴妃紅、七返膏、御黄
>
> 王母飯、生進二十四氣餛飩、同心生結脯、唐安餤、玉露團、
>
> 天花餶餤、素蒸音声部、白龍䐡、鳳凰胎、八仙盤、格食、番
>
> 體間縷寶相肝、

쌀가루나 밀가루 반죽으로 납작하고 둥글게 만든 것을 겹쳐서
만다라 모양(불교 문양으로 사각형 중심에 원이 있는 형태)으로 만들어 고
온에 구운 만타양협병^{曼陀樣夾餠}, 맛이 매콤하고 붉은색 기름과 밀가

•
양귀비

루로 만든 바삭바삭한 귀비홍貴妃紅, 만두피에 24종류의 각기 다른 소를 넣어 꽃 모양으로 만든 생진24기혼돈生進24氣餛飩, 무늬가 있는 바삭한 파이와 같은 옥로단玉露團, 밀가루 반죽 속에 채소를 넣고 70명의 악사와 가수의 모습을 본떠 만든 소증음성부素蒸音声部, 뼈를 제거한 거위요리 팔선반八仙盤 등 이름만으로는 상상할 수 없는 감상용 요리도 있었다. 쭉 나열된 한자들을 보고 있자니 황제의 연회를 장식하는 갖가지 기발한 요리들이 글자에서 쏟아져 나올 것만 같다.

한편 당나라 시대에는 음식점의 수도 많았고, 경영 규모도 컸다고 한다. 장안의 대규모 요릿집에서는 연회를 열 수도 있어서 곧장 500명분의 음식을 준비할 수 있었다. 장안에는 만두(완탄)집, 과자집, 호떡집, 찻집 등 다양한 가게들이 모여 있었다.

─────────── • 한나라의 외래 식재료 '호식' • ───────────

고대 중국에서는 한나라 때부터 음식생활에 중대한 변화가 일어났다. 이는 외지에서 물산이 대량 유입되었다는 것을 의미한다. 중국에서는 고대부터 외래의 것에 '호胡'를 붙여서 불렀다. 그 예로서 호복胡服(옷), 호장胡帳(장막), 호좌胡坐(입식), 호적胡笛(악기), 호무胡舞(춤), 호기胡器(그릇), 그리고 호식胡食(식재료) 등이 있다. 이를 통해 과거 중국에서는 서역의 복장, 문화, 음식이 유행했다는 것을 알 수 있다.

외래 식재료로서 '호식'은 어떤 것이 있을까? 한자를 보면 알 수 있다. 예를 들어 후추^{胡椒}, 참깨^{胡麻}, 고수^{胡荽}, 오이^{胡瓜}, 호두^{胡桃} 등이 있다. 마늘도 '호산^{胡蒜}'이라고 적혀있는 것처럼 외부에서 들어온 식품이다.

《제민요술》의 제4권 제43장 '종초^{種椒}'에는 《광지》를 인용해서 '후추는 서역에서 생산된다^{胡椒出西域}'라고 적혀있다. 한대의 기록에는 천축, 즉 인도에 후추가 있다고 기록되었으며 인도에서 왔다는 사실이 명시되어 있다. 《제민요술》에서는 호포보교절육법^{胡炮普教切肉法}의 한 요리에 후추가 사용되었다. 이는 당시 교류가 있었던 사산 왕조 페르시아에서 전해진 양고기 요리의 레시피인데, 양고기에 후추, 양파, 산초, 생강, 필발(후춧과의 덩굴식물) 등을 넣어 맛을 냈다고 한다. 당시 후추는 외래 요리에만 한정적으로 사용했음을 알 수 있는 자료다.

또한, 앞에서 한자에 '호'가 붙는 식재료로서 참깨와 고수를 언급했는데, 이것들도 《제민요술》의 국 요리를 소개한 '갱학법^{羹臛法}(제8권 제76장)' 편에 요리법이 나와 있다. 고수가 사용되는 요리는 작호갱법^{作胡羹法}(오랑캐의 국 만드는 법)에 나오는데, 양고기를 푹 끓일 때에 고수와 석류즙을 넣는 것이 특징이다. 외래에서 들어온 식재료를 사용하기 때문에 요리 이름에 '호'자가 들어간 것 같다. 참깨를 이용한 국인 호마갱^{胡麻羹}을 끓이는 법도 나오는데, 깨를 푹 끓인 후 산파와 쌀을 넣어 끓인다고 적혀있다.

마늘은 서진의 문학자이자 정치가인 장화(232~300)가 쓴《박물지》에 '장건이 서역에 사신으로 가서 마늘과 고수를 얻어왔다^{使張使 西城 得大蒜 胡荽}'고 기록되어 있고,《제민요술》제3권 제19장 '종산^{種蒜}'에서도 이 글이 인용되었다. 장건(?~기원전 114년)은 한나라 때의 여행가이자 외교관으로 제7대 황제인 무제(기원전 141~87년 재위)의 명에 따라 대월씨국(지금의 우즈베키스탄에서 아프가니스탄에 이르는 지역)에 간 인물이다. 장건에 의해 서역의 정보와 문물이 중국에 전해졌고, 후대에 실크로드라 불리는 교역로가 만들어졌다. 마늘은 외래 요리뿐만 아니라 기존 요리에 향신료로 사용되기 시작했다.《제민요술》에 '팔화제^{八和齏}'라는 여덟 가지 양념을 섞은 양념장 레시피에 마늘이 등장한다. 여덟 가지 양념은 마늘, 생강, 진피, 백매(매실을 소금에 절인 것), 밤, 멥쌀밥, 소금, 식초다. 진피는 감귤류의 껍질을 말린 것으로, 이 역시 외래 식재료였다.

──────── • 양귀비의 마지막 식사, 호떡 • ────────

현종이 양귀비를 총애하자 양 씨 일족이 정계에서 득세하기 시작했다. 특히 양귀비의 사촌오빠인 양국충(?~756)이 벼슬자리를 꿰차며 중서령(재상)의 지위를 이용해 전횡을 일삼았다. 마침내 양국충과 극심한 갈등을 빚던 장군 안녹산(703~757)은 755년에 반란(안사의 난)을 일으켰다. 안녹산의 군대가 장안으로 쳐들어오자 현종과 대신들은 장안을 떠나 쓰촨성으로 도망쳤다.

피난 도중에 현종 일행은 함양의 집현궁에 도착했지만 먹을 것이 없었다. 북송의 역사학자 사마광司馬光(1019~1086)이 편찬한《자치통감資治通鑑》'현종기'에 의하면, 양국충이 직접 시장에 가서 호떡을 사서 소매 속에 넣어 가지고 돌아와 황제에게 바쳤다. 동행한 궁인들과 병사들은 먹을 게 없어서 굶주림에 시달렸는데, 함양지방의 백성들이 이를 안타깝게 여겨 보리나 콩 등의 음식을 대접했다고 한다.

여기에서 양국충이 바친 호떡胡餠도 '호胡'자가 들어가듯이 외래떡이다. '병餠'의 한자는 '곡물가루를 반죽하여 모양을 만들어 가열한 것'을 뜻하며 빵의 범주에 포함된다고 할 수 있다. 후한 시대에 유희劉熙가 편찬한 사전《석명釋名》'음식' 편에는 '밀, 옥수수, 밤 등의 가루에 깨 등을 섞어서 냄비나 화로에서 구운 것'이라고 기록되었고, 당나라 시인 백거이(772~846)가 쓴 시에는 밀가루로 반죽한 호떡을 기름을 발라 구웠다는 내용이 있다.

《제민요술》에서는 제9권 제82장 '병법餠法'에 수병법髓餠法이라는 이름의 레시피가 있는데, 거기에 '호병로胡餅鑪'라고 불린 호떡을 굽는 화로가 적혀있다. 레시피는 수지(나뭇진)와 꿀을 밀가루와 섞어서 호병로에 굽는데, 뒤집어서는 안 되고 한쪽 면만 굽는다고 기록되어 있다. 이런 화로에서 생산된 호떡이라는 빵은 대량으로 시장에 유통되었고, 8세기 후반 안사의 난 때 시장에서 쉽게 살 수 있는 상품이 되었다.

안사의 난을 계기로 양국충은 살해되었고, 양귀비 역시 죽음을 맞았다. 현종은 양위하여 태상황(제위를 물려주고 물러난 황제)이 되었지만, 장안으로 돌아온 후에는 거의 연금상태로 여생을 보내다 762년에 사망했다.

안사의 난이 나라를 뒤흔든 결과, 당나라의 체제도 불안정해졌고, 그 피해는 매우 컸다. 토번국(티베트)에 장안을 일시 점령당하는 사태가 발생했고, 난으로 황폐해진 화북 지역에서는 수많은 유민이 발생하는 등 성당시대는 이렇게 저물어갔다.

양귀비에게 푹 빠진 현종의 타락한 시절은 역설적으로 당나라 문화가 융성하고 번성했던 시대였다.

•
그녀가 사랑한 열대과일

CHAPTER 5

이야기는 시장에서 시작된다

하룬 알라시드

Hārūn al-Rashīd

Hārūn al-Rashīd

아브 하산은 칼리프를 향한 쪽에 앉았고 두 사람 모두 좋아하
는 요리를 맛있게 먹었다. 식사 중에는 말하지 않고 포도주도
마시지 않는 것이 바그다드의 관례다. 두 사람이 다 먹은 후 칼
리프의 노예가 손을 씻을 물을 준비했고 아브 하산의 어머니는
접시를 정리하고 식후 디저트를 준비했다. 포도, 복숭아, 사과,
배와 같은 제철 과일을 잔뜩 담았고 아몬드가루로 만든 과자도
함께 가져왔다.

앙투안 갈랑, 《천일야화》 중에서

전 세계에서 유명한 이야기 중 하나로 《아라비안나이트》, 다른 이
름으로는 《천일야화》가 있다. 그 이야기에 등장하는 칼리프(무함마
드의 후계자로서 전 이슬람교도를 통솔한 교주 겸 국왕의 호칭)가 바로 하룬
알라시드(786~809년 재위)다.

사실 하룬은 바그다드를 중심으로 중동을 지배한 아바스 왕조의

제5대 칼리프다. 칼리프에 즉위하기 전에는 군사적인 지도자로서 이프리키야(현재의 튀니지), 이집트, 시리아, 아르메니아, 그리고 아제르바이잔 등 여러 지역에서 총독을 역임했다. 그는 780년과 782년 당시는 섭정이었지만 후에 이리니 여제(797~802년 재위)가 통치하는 비잔틴제국(제6장)에 직접 정벌에 나섰으며 성과를 거두었다.

아바스 왕조는 그의 치세 동안 최전성기를 맞았고 문화적인 활동이 활발하게 이루어졌다. 하룬의 비호 아래 미술과 아랍 문법학, 문학, 음악이 활짝 꽃을 피웠다. 그는 시와 시인을 사랑했고 문인과 법학자를 좋아했다. 특히 올바른 아랍어로 송시를 짓는 시인을 아꼈으며 상을 내렸다. 하룬은 사산 왕조 페르시아 시대부터 이어진 학술도시 군데샤푸르에서 학자들을 초빙하여 바그다드에 중세 최고 학문의 전당인 '바이트 알히크마(지혜의 집)'를 건설했다.

796년에 하룬은 수도를 현재의 시리아 북부 라카로 옮겼다. 그 이후 그는 통치 기간의 대부분을 그곳에서 보냈다. 바그다드는 행정기능을 유지하며 행정과 상업의 중심지로서 변함없이 계속 번영했다. 그가 수도를 옮긴 이유는 라카에 풍부한 농경지를 보유한 점, 비잔틴제국과 가까워 공격과 방어에도 신속하게 대응이 가능한 점, 유프라테스강을 통해 바그다드와 쉽게 교통망을 구축할 수 있는 점 등 이점이 많다고 생각했기 때문이다.

809년에 하룬은 비잔틴제국과의 전투에 나서던 길에 병에 걸려 사망했다. 당시 경제와 문화가 융성했던 아바스 왕조였지만, 위대한 칼리프의 죽음으로 점차 국운이 기울기 시작했다.

• 국제교역도시 바그다드 •

하룬이 칼리프로서 통치했던 수도 바그다드는 '전 세계에서 비교할 수 없는 도시'라고 일컬어진다. 이 원형도시는 지식, 문화, 무역의 중심지로서 번영했다. '평안의 도시' 바그다드는 이라크의 곡창지대인 사와드 평야의 중심에 위치하여 농산물의 집산지였으며, 처음부터 국제도시로 건설되었다. 또한, 티그리스강과 유프라테스강이 가장 근접한 지역으로 하천을 잇는 수많은 운하가 건설되어 교통용, 관개용, 식수용 등 용도에 맞게 이용되었다. 이슬람 역사가이자 지리학자인 알 야쿠비(?~897)는 당시 번성한 바그다드의 모습을 《제국지諸國志》에 글로 남겼다.

바그다드는 3만 개의 모스크(아랍어로 마스지드)와 1만 개의 공중목욕탕(하맘)이 늘어선 대도시로 발전했다. 유프라테스강에서 운하로 연결되어 시장이나 상점이 있는 강가에 시리아와 이집트 방면에서 운송해온 밀가루, 그 외 많은 상품이 육지로 옮겨졌다. 수리시설이 좋아진 덕분에 도시 주위에는 농지와 과수원이 증가했다. (중략) 바그다드 근처에는 티그리스강과 유프라테스강, 이 두 큰 강이 흐르고 있기 때문에 각양각색의 수많은 상품과 물자를 육로 및 수로를 이용해서 매우 간단히 들여올 수 있다. 교역 상대는 동방이나 서방의 이슬람국가들에 한하지 않고 멀리 인도, 신드(인도 서부), 중국, 티베트, 튀르키예, 다일람(카스피해 서남부), 하자르(흑해와 카스피해 사이), 에티오피아 지방에서도 모든 종류의 상품이 전해졌다.

바그다드의 남쪽, 칼프 지구에 있는 시장(바자르)에는 이라크 남부 사와드 지방의 보리, 쌀, 대추야자, 이집트의 밀, 시리아의 밀 등이 모여들었다. 당시 바그다드는 매우 중요한 동서교역의 교차로였다. 큰 시장에 가면 이집트의 린넨, 시리아의 유리그릇, 페르시아의 비단 등 제국 각지의 물산과 중국의 도자기와 사향(천연 동물성 향료로 약재로 사용), 동남아시아의 향신료, 중앙아시아의 유리와 직물, 북유럽과 러시아의 벌꿀과 호박과 모피, 동아프리카에서 온 상아 등 해외 물품들도 흘러들어와 전 세계에서 가장 다양한 상품을 손에 넣을 수 있었다. 바그다드는 이런 전 세계의 문물뿐 아니라 각양각색의 사람들이 모이는 국제도시로 아랍인, 페르시아인, 유대인, 그리스인, 북아프리카의 베르베르인 등이 오고 갔다.

이야기는 시장에서 시작된다

하룬 치세 말기인 8세기 말에는 바그다드의 시가지가 티그리스 강의 서쪽 부근에서 점차 동쪽 부근으로 확대되었다. 루사파 지구 와 샤마시야 지구 등이 형성되었고 각지에서 이주자들이 모여들어 원형 성곽 밖에 거주 지역을 만들어 살기 시작했다.

바그다드를 번영시킨 또 하나의 요인은 관개농업이다. 농장에서 생산된 농작물은 대도시의 인구를 먹여 살렸다. 당시 바그다드의 인구는 100만 명 정도까지 불어났는데, 이 인구는 8세기 전반 중국 당나라(제4장)의 수도이자 세계 최대 규모의 국제도시인 장안의 인 구(70~100만 명)에 맞먹는 규모다. 같은 시기에 유럽의 비잔틴제국 이 약 30만 명의 인구 규모였던 것에 비하면 바그다드가 얼마나 세 계 최대의 도시였는지 알 수 있다.

바그다드의 도시 규모는 원형 구조인 왕궁과 원 모양으로 펼쳐 진 시가지까지 포함해서 약 4,000헥타르에 달했다. 물론 당나라 장 안의 면적은 바그다드의 2배를 자랑했다. 8세기에 바그다드와 장 안은 세계를 대표하는 2대 도시였다.

──────────── • 카를 대제와의 교류 • ────────────

하룬이 통치하던 시기에는 프랑크 왕국과의 교류도 있었다. 하룬은 프랑크 왕국의 국왕이자 신성로마 황제인 카를 대제(768~814년 재위)와의 사이에 사절을 교환했다. 카를 대제의 가신이며 벗인 역사가 아인하르트Einhard(770?~840)가 쓴《카를 대제 전기Vita Karoli Magni》에는 하룬의 사절단이 카를 대제에게 바친 물품들에 대해 다음과 같이 기록했다.

말하기를, 페르시아인(하룬)은 코끼리, 원숭이, 향유, 감송향, 다양한 연고, 향신료, 향료, 다양한 약재 등을 가지고 와서 황제(카를 대제)에게 바쳤다. 그 양은 '동방이 텅텅 비고 서방이 가득 찼다고 생각될 정도'로 엄청나게 많았다.

참고로 802년에 프랑크 왕국에 도착한 코끼리는 카를 대제가 칼리프에게 받기를 원했던 것이었다. 이 코끼리는 '아불 아바스'라고 불렸다. 아인하르트가 하룬을 페르시아인, 페르시아의 왕이라고 기록한 점도 매우 흥미로운 대목이다. 프랑크 왕국에서는 아바스 왕조를 페르시아 국가로 인식했던 모양이다.

진상품의 물량은 이슬람권이 서구보다 경제적으로도 군사적으로도 문화적 풍요로움의 면에서도 우위에 있었음을 보여준다. 국제무역도시 바그다드를 보유하고 세계 각국의 다양한 물자가 유통되었던 아바스 왕조의 경제 규모와 달리 동방세계에서 유입되는

이야기는 시장에서 시작된다

물산이 거의 없어 상업권이 한정적이고 빈약했던 프랑크 왕국의 당시 상황을 잘 보여준다.

──────────── • 《천일야화》에 등장하는 음식들 • ────────────

《천일야화》는 9세기경에 원형이 만들어졌다고 전해지며, 현존하는 가장 오래된 사본은 9세기에 쓰인 단편이다. 《천일야화》에는 페르시아, 인도, 그리스 등 다양한 지역의 이야기가 담겨있어 각 지역에 사는 서민들의 생활상을 엿볼 수 있는 중요한 사료로서의 의미도 있다.

　이야기는 시장에서 시작되며 잡담과 수다에서 이야기가 진행되는 것도 《천일야화》의 특징이다. '바그다드의 짐꾼과 세 여자 이야기'에서는 시리아의 사과, 오스마니(남아시아)의 마르멜루(유럽 모과), 오만의 복숭아, 알레포의 재스민, 다마스쿠스의 연꽃, 나일강의 오이, 이집트의 레몬, 술탄 귤, 푸줏간에서 바나나잎에 싼 고기, 피스타치오, 건포도, 아몬드, 설탕을 넣은 버터 과자, 사향이 들어간 다진 고기를 넣은 과자, 장미수, 오렌지 향이 나는 물, 마시면 취하는 음료, 유향, 침향, 용연향, 사향 등이 다양하게 등장한다. 이야기 속 시장은 활기가 넘치며 동시에 전 세계의 모든 상품이 팔리고 있는 세계적인 시장의 면모를 곳곳에서 볼 수 있다.

'상인 우마르와 세 아들, 베데르와 지우하르의 이야기'에서는 '빵과 치즈 한 조각을 먹고 싶다'고 답하는 부분이 있는 등 궁정의 호화로운 음식에 비해 소박한 서민들의 삶이 묘사되어 있다.

'바그다드의 어부 하리파 이야기'에서는 형형색색의 다양한 물고기가 그물에 걸리는 모습도 있다. 사실 고대 메소포타미아(제1장)의 문서에도 풍부한 종류의 물고기가 등장하는데, 당시 이 지역에서도 귀중한 단백질 공급원으로서 어패류를 먹었음을 알 수 있다. 현대에도 이라크에서는 티그리스강과 유프라테스강에서 잡은 민물고기(주로 잉어)를 구운 요리인 마스구프를 국민 음식으로 많이 먹고 있다.

'조그만 꼽추와 재봉사, 나사렛인 거간꾼, 유대인 의사의 이야기'에서는 무대가 중국이라고 하지만, 시장이 등장하고 생선튀김, 빵, 레몬, 설탕과 참깨가 들어간 하얀 하라우아(과자의 일종)를 구입하는 내용이 나온다. 특히 빵과 과일 등과 함께 생선튀김을 사는 조합이 흥미롭다.

'이집트인 알리 아자이박 이야기'에서는 '렌즈콩과 쌀과 고깃국과 스튜와 장미수, 여섯 번째 요리는 쌀과 꿀로 만든 달콤한 요리'라는 식으로 쌀이 등장하는 것이 특징이다. 쌀은 아바스 왕조의 식탁에도 등장하며 지금과 달리 주식이 아닌 설탕이나 우유를 사용한 달콤한 요리의 재료로 사용되었다. 쌀은 이미 사산 왕조 페르시아 시대에 지금의 이라크 전역에서 경작되고 있었다. 이후 쌀은 중동 지역으로 확산하여 아바스 왕조의 초창기에는 재배 지역도 상당히 확대되었다.

─────── • 가장 오래된 요리책에 담긴 중세 아랍의 요리 • ───────

중세 아랍세계 및 아바스 왕조 궁정의 요리책이 존재한다. 현존하는 요리책 중에서 가장 오래된 책은 하룬 사후 10세기 후반에 바그다드에서 이븐 사야르 알와라크가 편찬한 《키타브 알타비크》^{Kitāb al-Tabikh}다. 알와라크는 생몰년뿐만 아니라 그 생애에 대해서도 잘 알려지지 않은 수수께끼 같은 인물이다.

이 책은 아바스 왕조의 대표적인 궁정 요리서로, 전 132장으로 구성되었으며 음식의 조리법뿐 아니라 음식 양생법, 식사 예절, 요리를 소재로 한 일화나 시가 기록되었다. 이들 내용에 대해서 편찬자는 책의 서문에 각 분야의 책에서 인용한 것임을 밝혔다. 이 책은 10세기 아바스 왕조의 바그다드 음식에 관한 지식을 집대성했다고 할 수 있다.

이 책에 등장하는 요리의 조리법은 무려 552가지에 달한다. 조리법의 특징이라고 하면 용연향·사향·몰약·장미수·사프란·계피·정향·육두구·카다몬·메이스와 같은, 당시에는 귀한 약재였던 향신료가 다량으로 사용되었다는 점이다. 《천일야화》의 '바그다드의 짐꾼과 세 여자 이야기'에서 판매되던 향료가 이 책 속 요리들에 사용되었을 것이다.

또한, 이 책에 실린 요리의 대부분은 페르시아어에서 유래된 이름이며, 그 가운데에는 페르시아 군주와 관련한 일화도 있다. 중세 아랍의 바그다드 요리사들은 페르시아의 영향을 많이 받았다고 할 수 있다. 형태는 바뀌었지만 현재까지 남아있는 요리에는 '무할라비야'가 있다. 7세기의 호라산(현재의 이란에서 중앙아시아에 걸친 지역) 총독의 이름을 딴 이 요리는 일종의 쌀 (또는 우유) 푸딩이다. 닭고기와 쌀을 냄비에 넣고 우유를 부은 후 고수, 커민, 계피 그리고 사프란을 넣고 푹 끓인 달콤한 요리다. 이 요리는 아랍세계에서 상당히 유행했으며, 13세기 마그레브(서북아프리카)와 안달루시아(이슬람 정권 지배하의 이베리아반도) 지역의 요리서에도 기록되어 있다.

여기에서 설탕에 대해 잠깐 언급하자면, 설탕은 중세 이슬람세계에서 널리 보급되어 서방세계로 전해졌다. 7~8세기 이후에는 새로운 정제기술의 발전에 따라 그래뉴당이 널리 보급되었다. 설탕은 주로 약용으로 사용되었으며, 식용으로는 특별한 행사나 축제, 혹은 여유 있는 귀족계층에서 제한적으로 사용되었다. 아랍 의학의 전통에서 설탕은 다른 성분의 쓴맛을 완화하기 위한 감미료와 보존료로 사용되었다. 8세기 이후 설탕이 식이요법의 목적으로 서서히 보급되기 시작했고 특히 환자나 고령자를 위한 식욕 회복제로서 요리에 사용되었다.

다음으로 소개할 요리는 라우지나즈다. 아몬드를 주원료로 한 과자로, 아랍과 이슬람세계에서 중세 디저트의 정수라며 큰 찬사를 받은 음식이다. 이 과자도 페르시아에서 시작되었으며 잘게 부순 아몬드에 설탕과 장미수를 섞어 만든다.

이외에도 식초를 넣은 소고기 스튜인 시크바즈가 있다. 이 요리 역시 사산 왕조 페르시아 시대부터 내려온 전통 궁중요리다. 사산 왕조 페르시아 전성기인 호스로 1세(531~579년 재위)가 '모든 요리의 여왕'이라 부른 요리다. 어원은 페르시아어로 식초를 뜻하는 시크sirke에서 유래했는데, 식초가 이 요리의 핵심이다. 이 요리에는 다양한 조리법이 있는데, 일반적으로는 고기와 양파 그리고 여러 야채를 식초로 끓인 요리다. 시크바즈는 많은 사람이 좋아했으며 사회경제적 수준에 따라 벌꿀, 설탕, 대추야자와 같은 감미료를 넣기도 했고, 더 호화로운 레시피에는 고가의 향신료인 사프란을 추가하기도 했다. 하지만 오늘날 시크바즈는 아쉽게도 중동의 음식 목록에서 완전히 사라졌다.

티그리스강과 유프라테스강이 가장 근접한 지역에 수도 바그다드를 건설한 아바스 왕조는 페르시아 문화를 충분히 흡수했고, 하룬이 통치하던 시기에 최전성기를 맞이했다고 볼 수 있다. 사산 왕조 페르시아의 옛 수도인 크테시폰과 가까운 곳에 수도 바그다드를 설계하고 건설했다.

또한, 페르시아의 건축기술을 받아들이고 페르시아인을 궁정에 등용하는 등 필요한 곳에 페르시아 문화를 도입해 당시 세계 최대 도시로 성장해나갔다. 그리고 그런 아바스 왕조 궁정에서는 요리도 페르시아 식문화를 계승하고 그것을 원형으로 새로운 아랍요리를 만들어냈다. 사산 왕조 페르시아의 호로스 1세부터 아바스 왕조의 칼리프 하룬 알라시드로 이어져 내려온 음식문화의 역사를 생생하게 느끼게 된다.

CHAPTER 6

고대에서 중세로, 식탁의 변화

바실리오스 1세
Basilius I

Basilius I

마케도니아 왕조 바실리오스 1세의 가문은 (이것이 오만과 아부 때문에 생겨난 가짜 산물이 아니라면) 가장 저명한 가문의 세상사가 덧없음을 보여준다. 로마의 원수였던 아르사케스 왕가(기원전 3세기 아르사케스 1세로 거슬러 올라가는 고대 파르티아 왕가)는 400년 가까이 동방의 왕좌를 지켰다. 이들 파르티아 왕가의 젊은 일족은 이후에도 아르메니아에서 계속 군림했고, 그의 후예들은 고대 군주국의 분할과 예속 이후까지 살아남았다(이 황통의 가계는 총 대주교 포티우스가 바실리오스를 위해 만든 허구라는 뷰어리의 주석을 달았다. 실제로는 '가장 비천한 신분에서 출세한 자'라고 게오르크 오스트로고르스키는 적고 있다). 그중 아르타바누스와 클리에네스 두 사람은 레오 1세의 궁정으로 도망치거나 은퇴한 사람으로서 레오 1세의 호의로 마케도니아 속주의 안락한 망명지에 자리잡았는데, 아드리아노플이 그들의 마지막 거처가 되었다. 그들은 이후 몇 세대를 내려오는 동안에도 자신들의 출신에 걸맞은 품위를 유지했다. 여러 차례 고국으로 되돌아오게 하려는 페르시아와 아랍 권력자의 유혹을 로마에 대한 애국심으로 거절했다. 하지만 세월의 흐름과 고난으로 그들의 빛도 서서히 퇴색해갔다. 바실리오스의 아버지는 작은 농지를 자기 손으로 직접 경작해야 하는 처지로 전락했다. 그러나 그는 아르사케스 왕가의 혈통을 평민과의 혼인으로 더럽히는 것을 거부했다. 또한, 아드리아노플에 사는 과부였던 그의 아내는 자신의 선조 가운데 콘스탄티누스 대제를 가르친 분이 있었다는 것을 자랑스럽게 여겼다. 더욱이 두 사람 사이에서 태어난 갓난아기는 생김새와 고향이 유사하다고 해서 마케도니아의 알렉산드로스와 연관시켜 생각하기도 했다.

에드워드 기번, 《로마제국쇠망사》 제48장 중에서

비잔츠 혹은 비잔틴제국으로 알려진 동로마제국의 정식 국가명은 '로마인의 제국'이었다. 로마가 아니라 콘스탄티노플(현재 이스탄불)을 수도로 삼은 기독교 국가이자 로마제국의 계승국가였다. 비잔틴제국을 구성하는 요소는 로마황제의 지위를 계승하고 있다는 점, 기독교화가 진행되었다는 점, 주요 언어가 그리스어라는 점이다. 발칸과 아나톨리아 지역은 고대부터 일상적인 행정과 문화에서 그리스어가 우세했지만, 당시에는 로마인의 정체성을 가진 사람들이 다수를 차지하고 있었다. 즉 그리스어로 말하는 사람들이 스스로를 '로마인', 자신들의 나라를 '로마제국'이라고 부르는 국가였다. 그런 비잔틴제국에서는 7세기부터 제국의 통치가 그리스어로 이루어지게 되었고, 행정 언어도 점차 그리스어로 바뀌어 갔다.

9세기에 접어들면서 비잔틴제국은 전환기를 맞이한다. 하룬 알 라시드(제5장) 사망 후 아바스 왕조의 쇠퇴에 따라 동방 이슬람세력의 습격이 잠잠해지고 지방군단의 사령관들의 반란도 진정되자 비잔틴제국은 황제권력이 강화되고 황제 독재체제 하에서 안정기를 맞이했다.

이 비잔틴제국의 안정기에 비잔틴사람들은 운만 좋으면 누구나 황제가 될 수 있다는 생각을 가지고 있었다. 그런 시대에 등장한 인물이 바실리오스 1세(867~886년 재위)다. 바실리오스는 마케도니아 지방 출신으로 아드리아노플 근교로 이주해온 아르메니아계 농민의 후예라고 전해진다. 말 그대로 입신출세한 인물로 수도인 콘스탄티노플에서 유력자들의 환심을 사고 그 인맥을 살려 황제가 총애하는 그룹에 들어갔다.

바실리오스 1세는 타고난 재능을 발휘해 승승장구했고, 866년에 황제 미하일 3세로부터 공치제共治帝(공동 군주)로 임명되기에 이르렀다. 그리고 다음 해 미카일 황제가 성 마마스 궁전에서 잠자리에 들었을 때 암살을 감행하여 황제로 등극하고 마케도니아 왕조를 열었다. 왕조 이름은 그가 테마(군관구: 군사적 목적이 포함된 행정구역)와 마케도니아 출신이었다는 점에서 유래했다.

　바실리오스 1세는 도시 개조와 법률 정비 등에 적극적으로 힘썼고, 비잔틴제국의 잃어버린 영토를 회복하기 위해 군사적으로도 다양한 공적을 남겼다. 그는 콘스탄스 2세(641~668년 재위) 이후 서방의 영토를 회복하기 위해 이탈리아 왕 카롤루스 왕조의 루도비쿠스 2세(875~885)와 협력하여 이슬람세력을 쫓아내는 데에 힘썼다. 결국 879년에 나폴리 앞바다에서 벌인 해전에서 이슬람함대를 격파하고 남부 이탈리아를 재정복하는 데에 성공했다. 또한, 이슬람세력과 공유했던 키프로스섬을 7년간 지배하에 두는 데에 성공하는 등 비잔틴제국은 지중해와 아드리아해에서 강한 존재감을 드러내기 시작했다.

────────── • **로마를 계승한 비잔틴제국의 식재료** • ──────────

비잔틴제국은 영토의 확대와 축소를 반복했다. 최전성기 제국의 영토는 아나톨리아 지역 및 코카서스 지역의 일부, 발칸반도(베오그라드 동쪽과 도나우강 남쪽 지역) 및 크레타섬을 비롯한 에게해의 섬들이다. 그 후 바실리오스 1세가 황제가 된 867년에 제국의 영토는

고대에서 중세로, 식탁의 변화

아나톨리아 지역, 발칸반도 남부(트라키아, 마케도니아, 스트리몬, 테살로니카, 헬라스, 펠로폰네소스), 에게해 섬들, 이탈리아반도 남부의 일부, 아드리아해 섬들의 일부까지 확장됐다. 이집트와 시리아는 7세기에 이슬람세력에 빼앗긴 상태였다.

중세 초기 비잔틴제국의 농업방식은 1세기 로마제국의 방식과 거의 같았다. 주요 작물은 밀, 보리, 수수와 같은 곡물과 콩류 등이다. 이집트와 일리리쿰(현재 슬로베니아, 크로아티아 부근)에서는 밀을 사용해 맥주를 양조했다.

포도나무와 올리브나무는 기후만 맞으면 어디에서든 재배할 수 있었다. 지중해 지방은 말할 것도 없고 트라키아(발칸반도 남부), 테살리아(그리스 중부), 테살로니카, 비티니아(아나톨리아 북서부), 아나톨리아 서해안의 계곡, 아나톨리아 지역 흑해 남부해안 동쪽의 폰토스, 그리고 북부 갈리아 지방 등지에서 재배되었다. 공교롭게도 올리브 재배의 북방 한계가 비잔틴제국과 불가리아제국의 경계였다. 포도주는 맥주를 양조했던 이집트를 제외하고 지중해 지역의 모든 계층의 주요 음료였다.

비잔틴제국 영토 내에서는 이외에도 석류, 무화과, 헤이즐넛, 채소류, 콩류가 수확되었다. 돼지 사육, 목축, 어업도 활발히 이루어졌으며 무엇보다 각지에서 만들어진 포도주가 수도 콘스탄티노플에 모여들었다.

비잔틴제국 사람들이 즐겨 마시던 술은 역시 포도주다. 포도주를 마시는 것은 비잔틴제국 사람들에게 매우 중요한 일이었다. 그들은 고대 그리스 시대부터 그랬듯이 포도주에 물을 타서 마셨다. 고대 로마에서는 포도주가 빠르게 변질되는 것을 막기 위해 포도주에 첨가물을 넣어 마시기도 했다. 알로에, 사프란, 딱총나무 열매로 염색하거나 물로 희석한 과즙을 첨가하거나 향료나 수지 혹은 바닷물을 추가하거나 후추나 벌꿀을 섞는 등 한마디로 첨가물이라고 하기에는 그 종류가 매우 다양했다.

비잔틴제국에서는 이러한 '로마의 유산'을 어어 받았으며 포도주의 보존료로서 송진을 추가했다. 이외에도 포도주에 미지근한 물을 타거나 포도주스, 장미꽃잎, 회향(펜넬), 셀러리를 첨가해서 마시기도 했다. 송진을 넣은 포도주는 지금도 '레치나Retsina'라는 이름으로 전통적인 그리스 포도주로 판매되고 있다.

수도 콘스탄티노플에서는 포도주 외에도 벌꿀을 원료로 만든 꿀술도 많이 마셨다. 비잔틴제국에서는 고대 그리스 의학자 히포크라테스가 제창한 네 가지 체액(혈액, 황담즙, 흑담즙, 점액)의 균형이 좋으면 건강하다는 체액병리설(사체액설)에 따라 모든 식재료는 차갑거나 따뜻하거나 건조하거나 습한 성질을 지닌다고 생각했다. 이에 따르면 꿀술은 포도주보다 따뜻하고 건조한 성질을 가졌다고 생각했던 것 같다.

한편 맥주는 비잔틴제국에서 그리 멀지 않은 발칸반도 남부 지역과 이집트에서 보리와 잡곡으로 만들어지고 있었다. 하지만 비잔틴 사람들은 맥주를 야만스러운 음료라고 여겨 선호하지 않았다. 맥주는 주로 판노니아(현재 헝가리 도나우강 서쪽 지역), 게르마니아(현재 독일), 브리타니아(현재 브리튼섬) 등지에서 즐겨 마셨다.

비잔틴제국 초기인 5~6세기에 병사들은 물과 포도주에 식초를 섞어서 만든 음료수인 포스카^{Phouska}를 마셨다. 고대 로마에서 여행자가 가지고 다니던 청량음료다. 물이 있으면 식초를 넣어 희석해서 마셨는데, 당시에는 물의 품질을 보전하기 위해 이 방법이 가장 적합하다고 생각했기 때문이다.

시대가 흐르면서 포스카는 식초와 물만을 섞은 음료가 아니라 점차 커민, 회향 씨, 페니로얄 민트, 셀러리 씨, 아니스, 타임, 스카모니아, 소금 등 허브류가 첨가되었다.

바실리오스의 아들이자 마케도니아 왕조 제2대 황제인 레온 6세는 《총독의 책$^{Book of the Eparch}$》이라는 이름의 콘스탄티노플의 동업조합(유럽의 길드) 규정집을 편찬했다. 《총독의 책》에는 비잔틴제국의 육류에 대한 서술이 들어있다.

당시 비잔틴제국에서는 소 · 돼지 · 양 · 염소가 가축으로 많이 사육되었다. 특히 돼지고기와 양고기가 주로 요리로 제공되었던 것으로 보이며, 육류 공급의 대부분을 차지한 것은 돼지고기였다. 《총독의 책》에는 정육점과 돼지고기 상인이 각각 다른 장으로 나뉘어있는데, 그만큼 당시 비잔틴제국에서 돼지고기가 특별했음을 알 수 있다.

고대 로마에서도 돼지고기가 주요 육류였는데,《아피키우스》에 기록된 요리법에서 돼지고기 부분을 그냥 '고기'라고 적어놓은 것만 보아도 알 수 있다. 비잔틴제국도 이를 따른 것으로 보인다. 참고로 돼지는 고기로 요리할 뿐만 아니라 햄과 베이컨으로 가공해서 겨울철 식재료로도 사용했다.

이어 양과 염소는 아주 오래전부터 로마인들이 가축으로 길렀고, 양은 로마인들이 식용한 최초의 동물이기도 하다. 소는 육우와 젖소를 길렀다. 원래 목축 문화였던 고대 로마에서는 오로지 우유를 얻기 위해 젖소를 길렀고, 육식의 용도로 사용하기 시작한 것은 로마 제정시대에 들어서부터였다. 소고기 요리는《아피키우스》에도 몇 가지 요리만 실려있다. 비잔틴제국은 로마제국의 고기 개념을 그대로 이어받았다고 해도 무방하다.

《총독의 책》의 기록을 통해 비잔틴제국에서는 고대의 음식문화와 관습을 수세기 동안 충실히 지켜왔다는 사실을 알 수 있다.

중세 유럽에서 최초로 음식에 관한 논고는 안티무스^{Anthimus}(475~512 년경)가 쓴《음식에 관한 성찰^{On the Observance of Foods}》이다. 6세기 전반에 살았던 그리스인 의사 안티무스는 비잔틴 궁정에서 쫓겨난 후 라벤나의 고트족 왕인 테오도리크(471~526년 재위)의 궁정에 몸을 의탁했다. 그러다가 더 북쪽으로 가서 결국 프랑크 왕국에 도착하여 테우데리크 1세(511~533/534년 재위)에게 라틴어 논문《음식에 관한 성찰》을 바쳤다.

　이 책에는 안티무스가 경험한 비잔틴제국과 프랑크 왕국의 음식 문화에 관한 정보가 담겨있다. 그는 비잔틴 궁정에서 일반적으로 어패류를 먹는다는 것과 프랑크인들의 식습관과 취향의 한 예로 베이컨을 들 수 있다고 이 책에서 전하고 있다.

> 프랑크인의 기쁨의 원천인 베이컨에 대해서는 먹는 방법을 설명할 필요가 없다. 한 번에 구우면 불 속에서 지방이 흘러나와 베이컨이 바짝 구워져버려 맛있게 먹을 수 없게 된다. 또 체액 상태가 나빠져 소화불량을 일으킬 수도 있다. 하지만 베이컨을 물에 삶아서 식혀 먹으면 배가 조이는 것을 부드럽게 해줘서 소화도 잘 된다. 그러나 잘 삶아야 한다. 특히 가몬(베이컨용 돼

지 옆구리 아랫부분 살)은 더 잘 익혀야 한다. 또한, 껍질 부분은 소화가 잘 되지 않으니 먹지 않는 것이 좋다. 튀긴 베이컨은 탈이 날 수 있으므로 먹지 않도록 한다. 베이컨의 기름을 음식에 끼얹거나 채소에 뿌려도 해는 없다. 하지만 이것들을 볶는 것은 정말로 좋지 않다.

이 책에는 벌꿀과 식초를 사용한 요리와 포도주와 가룸을 섞은 소스 등 고대 로마의 특징을 지닌 레시피도 실려있다. 그뿐만 아니라 로마 요리에는 없는 향신료인 후추, 생강, 정향이 사용된 고기요리 레시피가 기록되었으며, 고대부터 전해 내려온 요리법과 새로운 요리법이 더해져 매우 흥미로운 내용이 담겨있다.

• 이국적인 맛 가룸 •

10세기에 활약한 크레모나 주교 리우트프란드Liutprand(920~973)가 저술한 《사절행使節行》에는 황제와 함께 식사할 때 구체적으로 어떤 요리를 먹었는지 알 수 있는 내용이 있다. 예를 들면 '기름에 적시고 생선으로 만든 무언가 형편없는 액체가 뿌려진 식사'이다. 이 서술내용으로 보아 올리브유와 생선장을 뿌린 요리라는 것을 알

고대에서 중세로, 식탁의 변화

수 있다. 즉 10세기 후반의 비잔틴제국에서도 고대부터 이어진 특징적인 맛을 제대로 계승하고 있었음을 전하고 있다. 다만 리우트프란트의 이 표현은 비잔틴제국에 사신으로 갔다가 냉대받았던 때의 이야기이므로 감안해서 받아들이는 게 좋을 듯하다. 앞에 등장한 안티무스의 《음식에 관한 성찰》에서도 돼지고기 요리의 레시피에 가룸의 일종인 리쿠아멘(제3장)을 사용한 내용이 있다.

사체액설의 체액병리설에 근거해 그리스도교의 수도원에서는 가룸을 금지했다. 이에 따라 크레모나 주교였던 리우트프란트에게 가룸은 평소에 맛보지 못한 이질적인 액체로 느껴졌을 것으로 추정된다.

하지만 8~9세기의 코마키오와 제노바의 수도원에서는 가룸의 기록을 볼 수 있다. 코마키오와 제노바는 항구도시다. 가룸은 생선을 소금에 절여 발효시킨 장이기 때문에 바닷가 마을에 가룸을 만들기 위한 작업장이 있었을 수도 있다. 반면 크레모나는 이탈리아 반도의 북부, 밀라노와 베네치아라는 두 대도시 사이에 있다. 내륙에 위치한 크레모나는 가룸 자체와 거리가 먼 곳이라는 점을 부인할 수 없다. 이런 지리적인 관계를 고려하면 리우트프란트에게 가룸은 이국적인 맛으로 낯설게 느껴졌을지 모른다.

6세기에 편찬되고 10세기에 마케도니아 왕조의 콘스탄티누스 7세(913~920년 재위) 때 다시 편찬된 밭의 경작에 관한 규칙집인

《게오포니카》에도 가룸 또는 리쿠아멘의 제조 레시피가 기록되어 있다.

> 이른바 리쿠아멘은 이렇게 만들어진다. 생선의 내장을 용기에 넣고 소금으로 절인다. 작은 물고기류 특히 보리멸, 작은 숭어, 작은 도미, 앤초비 또는 모든 작은 물고기도 같은 방법으로 소금에 절인다. 햇볕에 잘 절여지도록 두었다가 자주 뒤섞어준다. 열로 잘 절여지면 가룸이 만들어진다.

─────────── • 올리브유 vs. 라드와 버터 • ───────────

로마제국의 음식문화에서 기름은 올리브유를 가리키는 것이었다. 제국 내에 올리브가 수확되는 지역이 많아서 기름은 올리브유만으로 충분했다. 기원전 공화정기에 카이사르는 변방 지역에 주둔하는 로마 병사들을 위해 다양한 식재료가 현지에 뿌리내리도록 했고, 올리브나무도 옮겨심었다. 하지만 기후에 맞지 않은 농작물은 현지 환경에 적응하지 못했고, 결과적으로 올리브 재배가 불가능한 지역은 수입에 의존하게 되었다. 수입 올리브는 매우 비쌌기 때문에 유럽 북부에서 올리브유는 일부 귀족만 누릴 수 있는 귀하고 사치스러운 기름으로 여겼다.

　그래서 올리브유 대신 버터와 라드가 급속하게 퍼졌다. 버터와 라드는 '야만족'이라 생각했던 게르만인에게 유목과 목축 문명의 상징으로 여겨졌고, 고대 로마의 귀족들은 잘 사용하지 않았다. 《아피키우스》에도 라드에 대한 내용은 별로 찾아볼 수 없다. 하지만 중세시대에는 상황이 확 바뀌었다.

　게르만인의 한 부족이었던 프랑크족이 갈리아를 통일하고 로마 사회를 계승·융합하는 형태로 프랑크 왕국을 건국했다. 이후 목축의 가치가 높아지면서 자연스레 라드의 이용가치도 높아졌다.

　이렇게 식재료가 재배되는 위치와 신분상의 차이에 따라 뚜렷하게 나뉘었던 올리브유와 라드 및 버터는 점차 혼용되며 중세의 유통시스템에 편입되었다. 일례로 사순절 시기는 대재절(기독교에서 부활절 전날까지의 46일에서 일요일을 제외한 40일간의 재계기간)로서 육고기를 사용한 요리는 모두 금지되었기 때문에 라드나 버터가 아닌 올리브유를 사용하는 것이 일반화되었다.

　리우트프란트가 있었던 크레모나에서는 라드를 일반적으로 사용했고, 올리브유는 대재절에 한해서 사용했을 것이다. 하물며 '생선으로 만든 무언가 형편없는 액체'와 섞인 기름이라니, 크레모나 주교에게는 이해의 범주를 넘어선 일이었을 것이다.

동로마제국을 계승한 비잔틴제국에서는 고대부터 이어져 온 로마제국 요리의 진수가 유지되고 있었다. 고대 로마의 요리책《아피키우스》에 등장하는 올리브유와 가룸을 뿌린 소스가 훌륭하게 계승되었다.

서유럽에서는 로마의 문화를 계승하면서도 프랑크 왕국의 대두와 함께 게르만적인 식문화로 기울기 시작했다. 로마제국의 귀족이 잘 사용하지 않았던 라드나 버터를 많이 사용했다.

또 중세에 등장하는 향신료는 생강과 정향이 있다. 이들은 중세 초기의 요리책인 안티무스의《음식에 관한 성찰》에도 실려있다. 조미료는 크게 로마를 계승한 것과 중세 이후에 사용되기 시작한 것으로 구분할 수 있다.

바실리오스의 사후, 설탕도 약용으로 콘스탄티노플에 들어왔다. 고대부터 내려온 전통요리에 새로운 식재료가 추가되었고, 중세 로마제국 음식의 전통도 시대의 흐름에 따라 새롭게 변모하게 되었다.

CHAPTER 7

붉은 음식 하얀 음식

칭기즈칸

Genghis Khan

Genghis Khan

알탄, 코차르, 사차 베키는 함께 의논하여 테무친에게 말하기를,

그대를 칸으로 삼자! 테무친이 칸이 되면

우리는 많은 적들에게 앞장서 달려들어

용모가 빼어난 처녀와 귀부인을 궁궐과 집을

다른 종족 사람들의 볼이 고운 귀부인과 처녀를

엉덩이 튼튼한 거세마를 달려가 끌고 오겠다.

우리는 마구 도망치는 짐승을 사냥할 때는 선두에 서겠다.

우리는 초원의 짐승들의 배가 하나가 될 때까지 밀어붙이겠다.

골짜기 벼랑의 짐승들의 넓적다리가 하나가 될 때까지 몰아붙

이겠다.

우리는 전투가 벌어지는 날에 그대의 명령을 어기면

우리의 모든 비복들로부터 우리의 여자와 아내들로부터 떼어

내어

우리의 검은 머리를 땅바닥에 버리고 가라.

평화로운 날에 그대의 마음을 어지럽힌다면

우리의 모든 속민들로부터, 우리의 아내와 자식들로부터 떼어

내어

주인없는 땅에 버리고 가라.

이런 말을 마치고 이렇게 맹세한 뒤 테무친을 '칭기즈칸'이라

부르고 칸으로 삼았다.

《원조비사》 3권 중에서

12세기 몽골고원에 한 영웅이 태어났다. '푸른 이리'를 선조로 둔 혈통으로 이름은 테무친이다. 그는 1206년 몽골고원의 전 몽골부족의 통일을 이뤄냈다. 그리고 그 해에 부족씨족의 각 대표자의 쿠릴타이(대집회)를 소집해서 정식으로 칸(군주)으로 즉위했고, 칭기즈칸(1206~1227년 재위)이 되었다. 칭기즈는 '빛의 신'을 의미한다. 칭기즈칸의 즉위와 함께 몽골제국이 탄생했다.

13세기 초 몽골고원을 평정한 몽골제국은 동쪽에 금나라, 남쪽에 서하, 서쪽에 서요와 접하고 있었다. 칭기즈칸은 위구르, 서요, 여진을 잇따라 정복한 뒤, 1211년에 전군을 이끌고 금의 북쪽 변경에 침입했다. 그리고 3년 동안 금나라를 계속 공격해서 쇠하게 만든 뒤 금나라의 영토를 양도받았다. 이어 그는 서요에서 더 서쪽에 있는 이슬람국가인 호라즘제국의 정복에 직접 나서 1219년부터 7

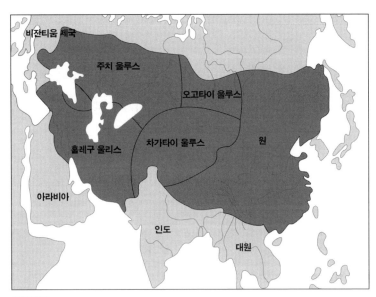

몽골제국

년에 걸친 정벌 끝에 호라즘제국을 멸망시켰다. 이 결과 몽골제국
은 유라시아대륙을 따라 남러시아부터 북인도까지 영토를 확장하
여 알렉산드로스 대왕이 통일한 제국의 약 4배, 고대 로마제국의
약 2배의 영토를 가진 대제국이 탄생했다. 이로 인해 동서 문화의
융합이 촉진되었다.

이후 칭기즈칸은 낙마의 상처가 원인이 되어 1227년에 사망했
다. 꿈을 못다 이룬 그의 유해는 고향인 헨티산에 옮겨졌다.

칭기즈칸은 무슨 음식을 먹었을까? 칭기즈칸의 일대기가 담긴 중세 몽골의 역사서인《원조비사》3권에 음식과 관련한 내용이 있다.

두 살 된 양의 고깃국을 끓여 아침 식사가 부족하지 않도록,
밤참에 늦지 않도록 하겠습니다.
얼룩무늬가 있는 양들을 길러 울타리를 가득 채우겠습니다.
담황색 암양들을 길러 울타리를 가득 채우겠습니다.
게걸스러운 대식가인 저는 양떼를 쳐서 창자를 먹겠습니다.

《원조비사》10권에도 음식에 대한 서술이 있다.

우리의 음식을 숙위가 관장하게 하라.
진한 고기음식을 숙위가 관장하여 조리하게 하라.
음식이 떨어지게 되면 음식을 관장한 숙위에게 물으리라.

'진한 고기음식'은 몽골인이 즐겨 먹는 '양고기 수프'를 말한다. 양 요리는 칭기즈칸을 포함한 몽골부족에게 없어서는 안 되는 중요한 음식이었다. 현대에도 차나승 마흐라는 이름으로 양고기를

소금으로 간해서 익힌 전통요리로 남아있다. 기본적으로 소금 이외에 다른 조미료나 향신료를 사용하지 않는 고기요리다. 파를 넣어서 맛을 내기도 하며, 일반적으로 몽골에서 육류 식품은 '붉은 음식'으로 일컫는다.

《원조비사》에 실린 음식과 관련한 내용은 이외에도 사슴, 산새, 작은 물고기, 산마늘, 체리, 딸기, 마유주 등이 등장한다.

· 하얀 음식 ·

몽골인은 유목민의 식생활을 지탱하는 유제품을 '하얀 음식'으로 일컫는다. 양, 염소, 소, 말, 낙타 등 다양한 가축의 젖을 가열하고 가공해서 유제품을 만들어 먹는다.《원조비사》5권에도 착유하는 장면이 묘사되어 있다.

> 새끼염소에게 쉬룩을 끼워 다섯 마리 염소의 젖을 짜고, 낙타를 찔러서 피를 마시며 궁핍한 모습으로 구세우르 호수로 왔다. (중략) 칭기즈칸은 이들을 몸소 맞으러 가서 '굶주리고 야윈 모습으로 오셨다'며 옹칸에게 공물을 거두어 주고, 자기 진영 안에 들게 하여 보살폈다.

쉬룩^{шевег}은 새끼염소가 평소 엄마 젖을 빨지 못하게 하기 위해 코에 끼우는 도구를 말한다. 《원조비사》에서는 젖을 발효시켜 만든 마유주(에스구)에 대한 내용과 큰 뚜껑이 있는 그릇에 담긴 유제품(타락^{Tapar})에 대한 묘사가 있다.

마유주와 타락 모두 그대로 이어져 내려와 몽골 전통 음식으로 맛볼 수 있다. 타락은 가축의 젖을 끓여 지방분이 높은 유제품을 분리하여 전용 발효용기에서 발효시켜 응고시킨 것으로 몽골식 요구르트라고 할 수 있다.

──────── • 세계정복을 음식으로 구현한 요리서 • ────────

칭기즈칸이 통치하던 시대의 요리책은 존재하지 않는다. 하지만 14세기 원나라 말기에 황궁에서 음선태의로서 황제 문종을 섬겼던 홀사혜가 저술한 《음선정요》를 통해 당시 몽골의 음식문화에 대한 실마리를 찾을 수 있다. 이 책은 서역(중앙아시아)과 몽골계 요리를 다룬 중국 유일의 음식 양생서이다. 음선태의는 궁중의 음식과 관련한 각종 전반적인 사항을 관장하는 관직이었다.

이 책은 영양요법의 관점에서 요리를 다루고 있을 뿐만 아니라 당시의 서하, 둔황, 위구르, 페르시아, 아라비아, 튀르크 등지의 요

붉은 음식 하얀 음식

리와 식재료가 수록되어 있으며 요리이름은 몽골어, 튀르크어, 페르시아어, 아랍어의 발음을 한자로 표기한 것이 큰 특징이다. 몽골인이 정복했거나 영향을 받은 지역의 요리를 풍부하게 실었는데, 몽골의 세계정복을 음식으로 구현한 책이라고 말해도 좋을 듯하다.

특히 책에 수록된 요리에는 다양한 향신료가 사용되었다. 이는 몽골 이외 지역의 영향을 많이 받았음을 알 수 있다. 몽골고원에서는 소금을 넣고 고기를 삶아서 먹는 것이 기본이기 때문이다. 1권의 '취진이찬聚珍異饌: 진귀하고 기이한 음식 모음' 항목에는 95종의 요리가 실려있는데, 그중 75종이 양을 사용한 요리다. 양의 다릿살을 잘라서 푹 고아 수프를 만드는 요리 등 양고기의 육즙이 몽골인들에게 풍부한 영양 공급원이 되어주었을 것이다. 고기는 끓이는 방법 이외에도 불에 구워먹었던 방법도 담겨있다. 그들은 원정 시에도 고기를 먹었다고 한다.

──────── • 팍스 몽골리카 혹은 타타르의 멍에 • ────────

1236년에 칭기즈칸의 손자인 바투(1225~1256년 재위, 주치 울루스(킵차크 칸국)의 실질적인 창설자)가 통솔하는 몽골군이 러시아 중남부 각 도시를 유린하고, 4년 후에는 키예프를 정복해서 350년 이상 이어온 키예프 루시를 멸망시켰다. 러시아의 각 영주들은 울루스(몽골어로 '국가', '사람들'을 의미하고 정치적으로 결집한 유목부족을 가리킨다)에게 자치를 허락받는 대신 공물을 바쳐야 했다.

마르코 폴로(제8장)의 《동방견문록》에도 바투가 등장하는데, '현명한 왕(아바타이 사인 칸)'이라고 기록되어 있다. 바투는 러시아 및 남부 킵차크 초원, 카스피해 서북 해안에서부터 캅카스 지방, 캅카스와 다게스탄 지방, 헝가리 지방, 체르케스 지방(흑해 연안에서부터 내륙부에 걸친 캅카스산맥 북서부), 그리고 크림반도 및 카스피해 북해안부터 캅카스, 흑해 연안이라는 매우 광대한 지역을 모두 정복했다.

1256년에는 칭기즈칸의 또 다른 손자인 훌레구(1260~1265년 재위, 훌레구 울루스(일 칸국)의 창시자)가 이란으로 진군해서 전 영토를 휩쓴 후 바그다드로 쳐들어갔다. 그 결과 말 그대로 바그다드를 완전히 파괴하고 칼리프를 살해했다. 이렇게 해서 750년에 탄생하여 이슬람 문화의 황금기를 이룩한 아바스 왕조(제5장)는 1258년에 멸망했다. 이후 훌레구는 이 땅에 머물며 1260년에 훌레구 울루스를 세웠다. 이 지역에서는 몽골의 지배하에 페르시아어에 의한 이슬람 문명이 꽃을 피우게 되었다.

이처럼 몽골계 국가인 주치 울루스가 러시아를 지배한 시대를 '팍스 몽골리카(몽골의 평화)'라고 부른다. '팍스 로마나'에서 파생된

붉은 음식 하얀 음식

이 말은 13세기에 몽골제국이 유라시아를 지배하면서 이 일대에 정치적 안정을 가져온 시대를 가리킨다. 유럽인 여행자들(제8장)에게 팍스 몽골리카 시대는 귀중하고도 너무 짧은 시간이었다.

반면에 이전까지 비잔틴제국의 영향을 받아 발전하던 러시아 문화는 이 시기에 크나큰 타격을 입었다. 몽골군에 저항한 지역의 주민들은 전부 처형당하는 것이 당연한 일이었고, 이런 철저한 파괴 상황이 당시 기록에 남아 전해지고 있다. 러시아에서는 주치 울루스에 지배당한 역사에 부정적인 의미를 담아 '타타르의 멍에'라고 부른다. 이는 대략 1240년대부터 1480년경까지 약 200년 이상이나 지속되었다.

──• 팍스 몽골리카가 전파한 만두: 보즈, 바오쯔, 펠메니 •──

현대의 몽골요리에는 밀가루로 만든 만두피에 다진고기를 넣어 찐 보즈^{Buuz}-만두소가 있든 없든 반죽을 둥글게 만들어 찌거나 튀긴 것-라는 이름의 만두가 있다. 보즈와 비슷하게 밀가루 반죽으로 만든 만두피 안에 고기와 여러 재료를 넣고 만든 요리는 지역마다 다양하게 변형되어 유라시아대륙에 널리 분포되어 있다. 이는 팍스 몽골리카가 전파한 요리라고 말할 수 있다.

보즈의 어원은 밀가루 반죽에 소를 넣고 빚은 뒤 쪄서 만든 중국의 바오쯔라는 음식에서 유래했다고 추정된다. 바오쯔의 소가 다진 돼지고기나 소고기를 사용한 것에 반해 보즈는 몽골의 생명이라 할 수 있는 양고기를 사용한 것이 특징이다. 자기 땅에서 이용하기 편리한 식재료를 사용해서 요리가 만들어진 것이다.

러시아의 물만두라고 할 수 있는 펠메니의 기원은 확실하지 않다. 역사가들이 주장하는 여러 가설 중에는 10세기에서 13세기에 걸쳐 몽골족에 의해 속을 채운 만두 조리법이 중국에서 러시아로 전해졌다는 설이 있다. 칭기즈칸이 동서로 넓게 영토를 확장하는 과정에서 중국의 자오쯔나 바오쯔와 같은 만두 요리가 유럽까지 전해졌고, 바투의 러시아 지배로 인해 시베리아와 동유럽 대부분의 지역에서도 만두 요리가 만들어지기 시작했다는 것이다. 시베리아에서는 펠메니의 속재료를 양념할 때 흑후추를 사용하는 전통이 있다는 사실로 이 가설을 뒷받침한다. 흑후추는 13세기에서 14세기 무렵 몽골인을 통해 시베리아에 들어온 향신료다.

한편, 펠메니라는 단어에서 그 기원을 찾는 주장도 있다. 핀우그리아어파의 코미족(우랄산맥의 서부, 동유럽 평원의 북동부에 사는 부족)과 만시족(시베리아 북서부에 사는 소수민족)의 말 중에 '펠냔$^{pel'nyan'}$/пельнян''이 있다. 펠$^{pel'}$은 귀를, 냔$^{nyan'}$은 빵을 의미하는 말로, '귀 모양을 한 빵'이란 뜻이다. 특히 펠냔의 냔은 빵이라는 뜻 외에 밀가루로 만든 것

붉은 음식 하얀 음식

이라는 의미도 있다. 즉 몽골인이 도달하기 이전부터 우랄산맥 서쪽에 살던 코미족과 만시족이 만들어 먹던 요리에 몽골인이 가지고 온 흑후추가 더해져서 서쪽 지역으로 퍼졌다는 설이다.

이외에도 13세기부터 14세기 무렵에 중앙아시아에서 시베리아와 유럽, 러시아의 동부로 퍼져나갔다는 설도 있다. 이렇듯 다양한 설이 있지만, 기본적으로 팍스 몽골리카를 계기로 빠르게 유럽세계에 만두 요리가 확산되었다고 말할 수 있다. 그렇다면 유라시아 대륙에 널리 퍼진 만두 중 한 레시피를 살펴보자.

> 창만두倉饅頭: 양고기, 양의 지방, 파, 생강, 진피 등 각 재료를 잘게 썬다. 이 재료들에 조미료, 소금, 장을 균일하게 섞어서 만두소를 만든다(반죽에 이 만두소를 넣고 쪄서 만두를 만든다).
>
> 홀사혜, 《음선정요》 중에서

앞서 소개한 《음선정요》에 실린 요리법이다. 창만두는 위 재료로 만든 내용물을 넣고 찐 고기만두다. 재미있는 것은 현대 중국의 만두는 '만두소가 없는 찐빵'을 가리킨다. 반면 《음선정요》가 간행된 14세기에는 만두라는 말이 빵(덤플링) 안에 내용물의 유무와 상관없이 사용되었다는 것을 이 레시피에서 알 수 있다.

한편 '펠냔'을 옛 요리책에서 확인해보고 싶었지만, 10~15세기의 중세 시베리아에는 펠난에 관한 요리법이 기록된 자료가 없다. 그래서 16세기 무렵의 펠메니(러시아어) 레시피를 참고하면서 어떻게 만드는지 정리해보도록 하겠다.

몇몇 자료에 의하면, 연질밀(박력분의 원료가 되는 밀)에 버터밀크나 유청을 섞고 계란을 넣어 반죽을 만든다. 우랄 지방에서는 메추라기 알을, 그보다 남쪽 초원에서는 메추라기 알이나 말똥가리의 알을 사용했던 것 같다. 보통은 반죽을 할 때 강력분과 물을 사용하는데, 자료에 연질밀이라고 적혀있으니 중력분이나 박력분에 우유와 버터, 그리고 뜨거운 우유에 식초를 넣어 분리해서 만든 액체 유청을 넣어서 반죽을 만드는 것이 좋을 것 같다.

다음은 만두소인데, 시베리아 펠메니의 만두소는 달지 않고 약간 짭짤한 맛이 특징이다. 전통적인 펠메니에는 2~3종류의 다진 고기에 양파, 소금, 흑후추로 양념하여 만든 소를 넣는다. 고기의 종류는 소고기와 돼지고기 이외에도 양고기, 어린 양고기, 닭고기, 말고기, 순록, 야생동물 등이 사용된다.

14세기의 고기만두와 현대 몽골의 보즈는 만두소에 다진 양고기를 사용하지만, 펠메니는 다양한 종류의 고기를 사용하는 것이 특징이다. 타타르가 가져온 유라시아의 덤플링은 그 땅에서 나는 식재료와 결합하여 다양한 만두 요리로 꽃피웠다고 말할 수 있다.

CHAPTER 8

여행가가 본 동방의 음식문화

마르코 폴로
Marco Polo

Marco Polo

174 치핑구섬

치핑구섬(일본국)은 대륙에서 동쪽으로 1,500마일 떨어진 바다에 있는 매우 큰 섬이다. 주민들은 피부색이 하얗고 예절 바르고 품위있는 우상숭배자들이며, 독립국가를 이루고 국왕을 섬기고 있다. 이 나라에서는 가는 곳마다 황금을 발견할 수 있기 때문에 그 나라 사람들은 누구나 막대한 황금을 소유하고 있다. (중략) 또 이 나라에는 다량의 진주가 생산된다. 장밋빛의 둥글고 큰, 매우 아름다운 진주다. 장밋빛 진주의 가격은 백색 진주에 뒤지지 않는다. (중략) 정말로 부유한 섬나라이며 그 부의 진상은 글과 말로 다할 수 없다. 그런데 무궁무진한 이 섬나라의 부를 전해들은 지금의 칸 쿠빌라이는 무력을 써서 이 나라를 정복해야겠다고 결의하고 두 중신에게 기병과 보병의 대군과 대함대를 주어 이 섬나라에 보냈다.

마르코 폴로, 《동방견문록》(2) 제6장 중에서

몽골제국이 유라시아를 지배한 13세기 후반 약 50년간은 이 일대에 정치적인 안정이 이루어졌다. 이 시대가 바로 유럽에서 동방세계로 여행을 떠날 수 있는 절호의 기회였다. 그런 시대에 등장한 인물이 후에 《동방견문록》의 주인공 마르코 폴로(1254~1324)다. 1260년 베네치아 상인인 마르코 폴로의 아버지 니콜로 폴로와 숙부 마테오 폴로 형제는 첫 번째 동방여행을 떠났다. 베네치아에서 배를 타고 콘스탄티노플(현 이스탄불)로 건너간 후 육로로 크림반도 남쪽의 항구도시 솔다이아(수닥)로 가서 동방으로 향했다. 마침내 몽골제국 제5대 칸이며 원나라 초대 칸인 쿠빌라이(1260~1294년 재위, 몽골제국 제5대 대판이자 원나라의 초대 황제)가 있는 칸발리크(원나라의 겨울 수도·대도/현재 베이징)에 도착했고, 1269년에 베네치아로 다시 돌아갔다.

1271년에 폴로 형제는 마르코와 함께 두 번째 동방여행에 나섰다. 2차 동방여행에서는 베네치아에서 바닷길을 따라 먼저 지중해 동쪽 아크레(아코)로 들어갔다. 그곳에서 쿠빌라이의 서신을 받은 뒤, 일행은 북상해서 소아시아의 라이아초(아야스)를 경유해 육로를 따라 동방으로 향했다. 그 후 1274년에 마르코 일행은 개평부(원나라의 여름 수도·상도)에서 쿠빌라이를 알현하고 환대를 받았다.

마르코 폴로는 몽골어, 페르시아어, 튀르크어, 위구르어 등 네 가지 언어를 배워서 각각 읽고 쓸 수 있을 정도로 습득했다. 쿠빌라

여행가가 본 동방의 음식문화

이는 총명한 마르코가 금세 마음에 들었고, 마르코는 '폐하의 하인'으로서 궁정에서 일하게 되었다. 쿠빌라이는 마르코를 대도에서 반년 여정 거리에 있는 땅으로 파견했다. 마르코는 쿠빌라이가 좋아할 만한 진귀한 물품을 바치고 각지의 색다른 화젯거리를 보고했으며, 매번 시찰지에서 헤아릴 수 없는 부를 가진 대도시나 이교도의 기묘한 풍습과 문화를 생생하게 전달하며 쿠빌라이를 만족시켰다.

이렇게 해서 쿠빌라이의 신하가 된 마르코 폴로는 약 17년 동안 원나라 궁정에서 일했다. 왕국과 모든 영토에 끊임없이 파견된 마르코 폴로가 쿠빌라이에게 귀국을 청하고 마침내 허락을 얻은 해는 1290년, 베네치아로 되돌아온 해는 1295년이다. 그런데 그 후 동서의 왕래에 제동이 걸리는 사건이 발생했다. 소아시아에 오스만제국이 등장한 것이다(제11장).

13세기 말(1299) 튀르크족 유목민의 족장이던 오스만 1세(1299~1326년 재위)가 아나톨리아 서북부에 오스만제국을 건국했다. 이슬람교 국가인 오스만제국은 아나톨리아 전역을 장악한 뒤 발칸반도까지 진출하면서 기독교 국가인 비잔틴제국의 영토를 야금야금 파고들었다. 이리하여 마르코 폴로가 발자취를 남긴 여행경로, 즉 베네치아에서 비잔틴 제국령을 경유한 뒤 흑해와 카스피해 연안을 거쳐 중앙아시아를 가로질러 다시 동방세계로 떠나기는 어려

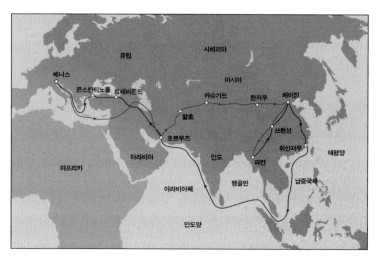

마르코 폴로의 동방여행 경로(1271~1295)

워졌다.

　이방인에게 관대하고 국제적인 색채가 풍부했던 몽골제국도 14세기 이후에는 분립한 세 칸국(주치 울루스-킵차크 칸국, 훌레구 울루스-일칸국, 차가타이 울루스-차가타이 칸국)의 이슬람 색채가 한층 더 강화되었다. 이로써 동방의 국가와 무역을 원하는 유럽의 상인들이 호기심에 이끌려 동방세계로 여행을 떠나는 일은 더 이상 불가능에 가까워졌다.

여행가가 본 동방의 음식문화

———————— • 고양이 귀를 닮은 면 • ————————

마르코 폴로는 《동방견문록》에 쿠빌라이의 공적과 위대함, 그리고 왕궁에 대해서 기록했다. 쿠빌라이의 생일에 성대하게 열린 연회와 궁중 잔치에 대해서도 기록했는데, 아쉽게도 구체적인 요리 이름이 적혀있지는 않다. 그래서 쿠빌라이의 연회가 열린 해보다 약 50년 후에 홀사혜가 저술한 《음선정요》(제7장)를 살펴보도록 하겠다.

중국의 역사 속에서 전통적이고 중요한 요리에 '면麵'이 있다. '밀가루'라는 뜻도 있는 면의 역사는 꽤 오래되었는데, 7세기경 당나라 시대 사람들은 이미 면요리를 먹었던 것으로 보인다. 북송 시대에는 새끼 양고기를 넣은 북부의 면요리 등 다양한 면요리가 등장했다.

《음선정요》에는 면요리 레시피가 여럿 수록되어 있다. 그 가운데 한 요리를 살펴보자.

마걸馬乞(수타면과 같음. 밀가루 대신 찹쌀가루 혹은 가시연밥가루도 좋다): 이것은 속을 북돋우며 기를 보충한다. 밀가루 6근을 반죽하여 마걸을 만든다. 양고기 다리 두 개를 삶아서 가늘게 채썬 것을 준비한다. 이상의 재료를 좋은 고기로 끓인 국물에 넣고 끓이

121
•
마르코 폴로

다가 볶은 파, 식초, 소금으로 간을 맞춘다.

마걸은 몽골어로 '손으로 뒤섞다'는 뜻이다. 여기에서는 수타면을 나타내는데, 면이 메밀국수나 우동처럼 가늘고 길쭉한 것이 아니라 작은 조개껍데기 같은 고양이 귀처럼 생긴 형태다. 이것은 이탈리아의 작은 귀 모양 파스타인 오레키에테와 상당히 비슷하다. 현대 중국에서는 마오얼둬猫耳朵라는 고양이 귀를 닮은 면이 있는데, 어쩌면 마걸이 발전한 것일지도 모르겠다. 양고기를 삶은 육수와 식초와 소금이라는 최소한의 조미료로 맛을 낸 간단한 이 수프는 양고기의 기름이 진하게 녹아있어 겨울에 먹으면 몸이 따끈따끈하게 데워지는 보양식이다.

참고로 마르코 폴로가 중국의 면을 이탈리아에 가져가서 파스타가 생겼다는 일화가 있는데, 이 이야기는 신빙성이 부족하다. 파스타는 마르코 폴로가 베네치아로 돌아간 1295년 이전에 이미 아라비아반도를 통해 이탈리아에 들어와 있

파스타면의 한 종류인 오레키에테는
이탈리아어로 '작은 귀'를 뜻한다.

여행가가 본 동방의 음식문화

었기 때문이다. 한편 중세 유럽에 등장한 오레키에테라는 이름은 이탈리아어로 귀를 뜻하는 오레키오에서 유래했는데, 동서고금을 막론하고 생김새로 요리 이름을 나타낸 것이 무척 흥미롭다.

──────── • 설탕과 향신료 무역을 주도한 베네치아 • ────────

마르코 폴로의 출신지인 베네치아는 유럽과 동방세계를 잇는 중계무역의 거점 중 하나였다. 9세기 이후 베네치아에서는 이집트와 동지중해로부터 상당한 양의 설탕과 시럽을 수입했다. 특히 사탕수수 재배가 활발했던 티로스의 땅(현재 레바논 남서부, 도시명 티레)에서 생산된 설탕은 베네치아가 독점하다시피 했다. 12세기의 베네치아는 유럽 각국으로 설탕을 수출하는 중요한 역할을 담당했다.

베네치아는 비잔틴제국 경제권에서 상업적 특권을 부여받아 제국 내에서 활동을 넓혀갔다. 신대륙(아메리카) 발견 이전의 유럽에서 베네치아는 아라비아반도와 아프리카 북부에서 귀중한 식재료를 확보하며, 그야말로 유럽 물자의 관문 역할을 하고 있었다.

애초 설탕은 이슬람세계에서 감미료뿐만 아니라 약으로 사용되었는데, 뇌의 움직임을 활성화하고 목과 가슴 통증에 효과가 있다고 여겨졌다. 유럽에서도 소화 촉진제로 귀한 대접을 받았다. 그렇기 때문에 베네치아의 약사들은 설탕을 약으로 처방하기부터 설탕을 정제하고 시럽과 잼 만드는 방법까지 두루 능숙했다.

이처럼 베네치아는 역사적으로 봐도 다른 도시보다 설탕을 취급하는 데에 능숙했고 유통, 정제, 가공까지 모든 면에서 압도적으로 우위에 서 있었다. 단맛이라고 하면 고대부터 벌꿀을 사용해왔지만, 설탕의 유통량이 많아진 베네치아에서는 단맛을 내는 조미료가 벌꿀에서 설탕으로 바뀌기 시작했다. 그리고 다른 도시들에서도 설탕의 사용이 점차 증가했다.

향신료 무역에서도 중추 역할을 담당해온 베네치아에서는 다른 곳에 비해 요리에 사용하는 향신료를 엄격하게 구분해 사용하고 있었다. 이를테면 향신료 가루의 배합을 가벼운 요리(생선요리), 중간 요리, 무거운 요리(고기요리) 등 세 가지로 구분해서 사용했다.

실제 베네치아 상인으로서 동방으로 떠난 마르코 폴로 일행은 《동방견문록》에 귀중한 식재료와 향신료를 기록으로 남겼다. 특히 후추, 정향, 생강, 육두구와 같은 향신료는 중세유럽의 궁정요리에서 필수품이자 사치품으로 애용되었기 때문에 마르코 폴로는 꼼꼼하게 각지의 향신료 정보를 적어두었다.

마르코 폴로가 활동했던 무렵인 1285년부터 1309년에 걸쳐 나폴리의 궁정에서 이탈리아에서 가장 오래된 요리책《리베르 데 코퀴나Liber de Coquina》가 편찬되었고, 14세기에 들어서자 토스카나, 바티칸, 피렌체 그리고 베네치아 등지에서 이 책에서 파생된 수많은 요리책이 등장했다. 베네치아에서는 14세기에 저자 미상의 《리브로 디 쿠치나^{Libro di Cucina}》라는 요리책도 편찬되었다. 다음은 이 책에 실린 레시피다.

퀸퀴넬리^{Quinquinelli}: 대식가를 위해 속을 꽉 채운 라비올리
퀸퀴넬리를 만들기 위해서는 껍질을 벗긴 아몬드를 잘게 부순 후, 설탕을 넣는다. 육식을 피해야 하는 시기(수난절이나 금요일 등)가 아닌 날에는 고기를 넣고 아몬드와 함께 섞는다. 라비올리와 같은 방법으로 만들어 양질의 기름에 튀겨낸 후 뜨거울 때 먹는다.

라비올리는 현재 우리가 먹는 것과 같은 얇게 늘린 파스타 반죽에 고기, 야채, 치즈 등의 내용물을 얹고 다른 파스타 반죽을 겹쳐서 사각형으로 잘라낸, 속을 채운 파스타를 말한다. 베네치아에서는 당시 퀸퀴넬리라고 불렀다. 이 조리법만 봐도 '마르코 폴로가 중국에서부터 파스타를 전파했다는 설'을 쉽게 부정할 수 있다.

여기에서 주목할 것은 속을 채우는 내용물에 아몬드가 사용되었다는 점이다. 아몬드는 아랍세계에서 유럽으로 들어온 것이다. 특히 다진 아몬드에 설탕을 섞고 물이나 장미수로 반죽한 과자, 마지

《동방견문록》에 기록된 음료와 향료

지명	식재료
바우다(바그다드)	대추야자
카마디	대추야자, 천국의 사과 (오렌지 또는 석류)
호르무즈	대추야자
타이칸(아프가니스탄 북동부 도시)	아몬드, 피스타치오
알마레	사향
간두	정향
브리우스강(금사강)	계피
자르단단(금치)	알로에즙
방갈라(뱅갈)	생강, 산내(생강과 식물), 설탕
후니(푸저우)	생강, 산내
사르콘(취안저우)	후추
자바섬	흑후추, 육두구, 산내, 쿠베브(후추나무 열매), 정향
산두르섬	소목(콩과 나무)
수마트라섬의 바스만 왕국	사프란
수마트라섬의 사말라 왕국	후추, 대추야자
스카이라섬(예멘 앞바다의 소코트라섬)	용연향

여행가가 본 동방의 음식문화

팬^{marzipan}은 오래전 사산 왕조 페르시아 무렵부터 즐기기 시작했다. 설탕 사용에 능숙했던 베네치아에서는 아몬드와 설탕을 함께 반죽하여 육식을 금하는 날에 고기를 대신할 만한 속재료로 사용했다.

• 중세 아랍세계의 요리 •

마르코 폴로 일행은 가고 오는 길에 호르무즈를 경유했다. 호르무즈는 페르시아만에 있는 항구도시로, 현재도 호르무즈해협으로 이름이 남아있다. 가는 길에는 '호르무즈 바다는 가장 위험해 상인들이 자주 위험에 처한다'는 말을 듣고 바닷길을 피해서 육로로 북상했지만, 돌아오는 길에는 인도를 거쳐 바닷길로 호르무즈에 도착해 일 칸국의 궁정으로 향했다. 마르코 폴로는 그곳에서 현지 사람들이 먹고 있는 것을 《동방견문록》에 묘사했다(《동방견문록》이 필사된 판본에 따라 단어가 조금씩 다르게 표현되어 있다).

> 사람들은 우리가 먹는 음식을 먹지 않는다. 밀가루로 만든 빵이나 고기를 먹으면 탈이 나기 때문이다. 그들은 건강을 위해서 대추야자와 소금에 절인 생선, 즉 참치를 먹고 양파도 먹는다. 건강하게 지내기 위해서 지금 말한 것과 같은 것을 먹는다.

13세기 전반에 무함마드 빈 하산 알바그다디^{Muhammad bin Hasan al-}

^{Baghdadi}(?~1239)가 편찬한 요리책 《키타브 알타비크^{Kitāb al-Tabīkh}》(이븐 사야르 알와라크가 쓴 10세기 아랍 요리책과 책명이 같다)에 소금에 절인 생선요리 레시피가 실려있다. 아랍어로 쓰여진 이 책은 이후 수세기에 걸쳐 중세 아랍세계에서 유행했다.

말리 마크르 사하이디: 소금에 절인 생선을 참기름에 볶은 후
잘게 부순 고수, 계피, 호두 등의 향신료를 뿌린다.

소금에 절인 생선을 참기름에 살짝 튀겨낸 매우 간단한 요리다. 튀긴 생선에 향신료를 뿌려 맛을 낸 이 요리는 아바스 왕조가 번성한 수도 바그다드에서 인근 도시들로 퍼져나갔고, 이집트와 지중해 항만도시들의 요리책에도 이와 비슷한 레시피가 수록되어 있다.

───────── · 중세 인도 요리 · ─────────

1290년에 마르코 폴로 일행은 쿠빌라이에게 귀국 허가를 받아 중국을 떠났다. 돌아가는 길은 중앙아시아에서 전란에 휩싸일 위험이 있었기 때문에 바닷길을 택했다. 수마트라섬을 거쳐 인도를 경

유했다. 마르코 폴로는 이 과정에서 만난 사람들이 무엇을 먹었는지 《동방견문록》에 기록으로 남겼다.

> 무티필리는 마아바르를 출발해서 북쪽으로 1,000마일 정도 가면 만나는 왕국이다. (중략) 쌀과 고기와 우유로 살아간다. 이 왕국에서는 다이아몬드를 볼 수 있다. 그 방법에 대해 이야기하겠다.

마르코 폴로가 무티필리라고 부른 곳은 남인도에 있던 텔링가나 왕국을 말하며, 무티필리 자체는 도시 이름이다. 다이아몬드가 산출되는 나라로 잘 알려져 있었다.

중세 남인도의 레시피를 기록한 문헌자료는 남아있다. 그중 하나가 1129년경에 산스크리트어로 편찬된 백과사전 《마나솔라사》이다. 궁정에서 실제로 먹은 요리들을 정리한 궁중 백과사전이므로 일반 사람들이 먹은 음식은 아니라는 점을 염두에 둘 필요가 있다. 그렇지만 고추가 전래되기 전 남인도에서 요리에 어떤 양념을 사용했는지를 파악할 수 있는 귀중한 문헌이다. 무티필리 사람들은 쌀과 우유를 먹었다. 비슷한 요리법을 《마나솔라사》에서 찾을 수 있다.

비얀자나는 《마나솔라사》에서 쌀뜨물에 타마린드, 버터밀크, 크리스털 슈가, 카다몬 가루, 생강즙을 섞은 특별한 준비의 의미로 사용되고 있다. 또 아사포에티다는 훈증^{燻蒸}한 후에 사용되었다.

옴 프라카시, 《고대 인도의 음식과 음료수》 중에서

비얀자나^{Vyañjana}는 원래 팔리어, 산스크리트어, 프라크리트어에서 조림 요리의 총칭이었다. 그런데 현대에는 의미가 변하여 카레를 가리키며, 음식의 문맥에서는 주로 조미료의 의미로 사용된다. 《마나솔라사》에 고추를 사용하지 않은 향신료 조합이 기록된 것은 매우 중요하다. 참고로 타마린드는 콩과 식물로 열매 부분을 먹는다. 단맛과 신맛을 함께 느낄 수 있는 페이스트 조미료다.

또 다른 문헌에서는 '쌀알이 고르고 향기로운 뜨거운 쌀밥을 즐겨 먹었다', '물소의 젖으로 지은 밥도 인기가 있었다'라는 기록이 있다. 고대의 곡물에는 브리히^{Vrihi}라는 단어도 기록되어 있는데 산스크리트어로 쌀을 나타내는 말이다. 이들 문헌에서 마르코 폴로가 본 당시 인도인들이 일상적으로 먹었던 쌀과 우유를 사용한 요리를 유추해볼 수 있다.

근세의 식탁으로

콜럼버스

Columbus

Columbus

제독은 또 이렇게 덧붙였다. '(중략) 토지는 매우 비옥하며, 당근 같은 생김새에 밤 같은 맛이 나는 니아메스가 많습니다. 또 우리나라와는 상당히 다른 콩류나 누에콩도 있고 목화도 많습니다. 목화는 씨를 뿌린 것이 아니라 야생의 큰 나무처럼 자생하고 있습니다. 한 목화나무에 꼬투리가 열린 것도 있고 막 벌어지기 시작한 것도 있으며, 또 꽃이 피어있는 것도 있는 것을 보면 1년 내내 목화를 채취할 수 있을 것 같습니다. 그 외에도 글로 다 쓰기 어려울 정도로 많은 종류의 과일이 있는데, 이 모두가 틀림없이 유용할 것입니다.'

크리스토퍼 콜럼버스, 《콜럼버스 항해록》 중에서

15세기는 유럽의 중세가 끝나고 근세의 시작을 맞은 세기라고 할 수 있다. 이 시대 유럽에서 발생한 큰 사건을 세 가지 꼽자면 다음과 같다. 첫 번째는 1453년에 오스만제국(제11장)의 공격으로 비잔틴제국(제6장)이 멸망한 사건, 두 번째는 1492년 1월 이베리아반도에서 여러 그리스도교 국가에 의해 레콘키스타*가 종결된 사건, 그리고 마지막으로 같은 해 8월 크리스토퍼 콜럼버스(1451~1506)가 신대륙으로 출발한 사건이다.

각각의 이 세 사건은 서로 맞물려 있다. 1453년에 비잔틴제국을 멸망시킨 오스만제국은 콘스탄티노플(이후 이스탄불)을 본거지로 삼고 계속 원정에 나서 영토를 동서로 확장한 결과 아나톨리아와 발칸반도의 통일을 이루었다. 그러자 '아드리아해의 여왕'으로 불리며 활발하게 교역활동을 하던 베네치아는 큰 타격을 입게 되었다. 오스만제국의 서진으로 인해 베네치아는 지중해를 경유한 동방무역이 곤란해졌다.

한편 이베리아반도에서는 이슬람세력을 몰아내는 레콘키스타를 계속 추진했던 카스티야 왕국과 아라곤 왕국이 연합해서 1479년에 스페인 왕국이 수립되었다. 이윽고 1492년 1월 2일 스페인 왕이 그라나다에 입성했다. 이는 이베리아반도에서 이슬람세력의 마지막 거점인 그라나다를 함락시켰음을 의미한다. 8세기부터 계속된 레콘키스타에 드디어 마침표를 찍은 것이다.

● 국토회복운동으로 이슬람 교도로부터 영토를 되찾기 위해 중세 스페인과 포르투갈의 그리스도교 국가들이 벌인 전투를 말한다.

근세의 식탁으로

15세기 접어들면서 그리스도교 포교활동에 한층 기세가 높아졌고, 항해술도 크게 발전했다. 오스만제국의 위협으로 동방무역이 불안정해지자 이미 향신료에 대한 수요가 높아진 중세 유럽인들 사이에서 어떻게든 새로운 교역로를 개척해야 한다는 분위기가 형성되기 시작했다. 이런 상황에서 콜럼버스의 첫 번째 항해가 시작되었다. 앞 인용글은 콜럼버스가 신대륙에서 새로운 농작물들을 관찰하고 기록한 것으로 보인다.

중세 유럽의 식탁은 신대륙에서 새롭게 들어온 식재료에 의해 어떻게 달라졌을까? 콜럼버스의 생애와 함께 15세기의 식탁을 살펴보자.

• 첫 항해에 이르기까지 •

콜럼버스가 어린 시절을 보낸 제노바는 지중해에 접해 있어 해상무역으로 번성한 곳이다. 콜럼버스도 14살 무렵부터 배를 타기 시작해 양모, 포도주, 치즈 등을 항구에서 운반하며 아버지의 가업을 도왔다. 호기심이 많았던 콜럼버스는 제노바 상선이나 카탈루냐의 배를 타고 지중해의 섬들과 에게해의 키오스섬까지 가는 등 선원으로서의 경험을 쌓아나갔다. 1477년에 리스본으로 이주한 콜럼버스는 동생인 바르톨로메오와 함께 지도를 제작하고 판매하는 일을 했다. 그러면서 스페인어와 라틴어를 배우고 그와 동시에 천문학, 지리학, 항해기술의 신지식을 흡수했다.

그 무렵 콜롬버스는 마르코 폴로(제8장)의 《동방견문록》에 등장한 황금의 나라 치팡구에 매료되었다. 그리고 그는 지리학자 토스카넬리가 주창한 지구 구체설을 알게 된 후 '지구는 둥글기 때문에

콜럼버스의 항해

회차	기간	방문지	현지 식재료
제1차	1492년 8월 3일 ~1493년 3월 15일	카나리아제도, 산살바도르섬, 쿠바섬, 에스파뇰라섬 등	니아메스, 콩류, 누에콩, 옥수수, 호박, 다양한 빵, 숭어, 연어, 새우 등 해산물, 야생동물 고기 등
제2차	1493년 9월 25일 ~1496년 6월 11일	카나리아제도, 도미니카섬, 에스파뇰라섬, 자메이카섬 등	다양한 물고기, 아헤스, 앵무새, 육두구, 생강 뿌리, 알로에의 일종 등
제3차	1498년 5월 30일 ~1500년 10월	카나리아제도, 카보베르데제도, 트리니다드섬, 에스파뇰라섬 등	빵, 다양한 과일, 하얗거나 붉은 과일이나 마이스(옥수수)로 만든 것 같은 술 등
제4차	1502년 5월 11일 ~1504년 11월 7일	카나리아제도, 에스파뇰라섬, 구아나야섬, 온두라스, 파나마 연안, 쿠바섬, 자메이카섬 등	멧돼지 일종, 카사베(타피오카) 빵 등

•
근세의 식탁으로

유럽에서 서쪽으로 가다보면 언젠가 동양에, 즉 치팡구에 도착할 수 있을 것'이라고 생각했다.

1484년에 콜럼버스는 포르투갈 왕 주앙 2세(1455~1495)에게 대서양을 서쪽으로 돌아서 인디아스(당시에는 인도에서부터 동아시아에 걸쳐 광범위하게 지칭)를 목표로 탐험하는 사업계획을 설명했지만 받아들여지지 않았다. 콜럼버스는 다음 후원 상대를 찾아 스페인으로 가서 스페인 왕국의 이사벨 여왕(1451~1504)을 알현하고 사업을 제안했다. 이사벨 여왕은 그 제안에 흥미를 보였다. 이후 여러 우여곡절 끝에 1492년 4월 17일 국왕 부부와 콜럼버스 사이에 협약서가 체결되었고, 5월에 안달루시아의 파로스항에서 준비를 마치고 8월 3일에 출항했다.

· 다양한 신대륙의 빵 ·

콜럼버스는 1492년에 첫 항해를 시작으로 1493년, 1498년, 그리고 1502년, 이렇게 네 차례에 걸쳐 신대륙을 향해 대서양을 항해했다. 다양한 식재료와 음식을 배에 싣고 항해에 나선 콜럼버스는 도착한 땅에서도 현지의 많은 음식을 맛보았다. 그중에서도 가장 많이 먹은 음식은 빵이다. 1499년에 다음과 같은 내용이 기록되었다.

거류지가 있는 이사벨라시의 땅은 토양이 나빠서 밀이 잘 자라
지 않는다고 그들이 말했다. 하지만 나는 밀을 수확하고 빵을
만들어 모두 함께 먹었다. (중략) 또 반드시 밀로 만든 빵이 아
니면 안 된다고 말하는 사람은 아무도 없었다. 다른 종류의 빵
이 많이 있었다.

크리스토퍼 콜럼버스, 《콜럼버스 항해록》 중에서

'거류지가 있는 이사벨라시'는 카리브해의 에스파뇰라섬(현재 히
스파니올라섬)을 말하며, 콜럼버스는 이곳 토양이 얼마나 비옥한지
기록으로 남겼다. 그리고 밀로 만든 빵과 다른 재료로 만든 빵을
먹었다는 것도 알 수 있다. 다른 종류의 빵 가운데 대표적인 것은
카사배casabe(타피오카) 빵이다.

아그아카디바 마을에서는 인디오들과 그 추장과 계약을 맺
어 그들이 카사배 빵을 만들어주고, 사냥이나 낚시를 해서 매
일 일정량의 다양한 식량을 제독에게 공급해주면 배 쪽에서 누
군가가 이를 받아 이럴 때를 대비해 가지고 온 파란 유리구슬,
빗, 칼, 방울, 낚싯바늘 등으로 대가를 치르기로 했다.

크리스토퍼 콜럼버스, 《콜럼버스 항해록》 중에서

카사베는 카사바(타피오카) 뿌리로 발효를 하지 않고 만든 얇고 납작한 빵이다.

카사베는 카사바를 말한다. 콜럼버스의 기록에 따르면 하마이카섬 (현 자메이카)에서 카사바에서 얻은 가루로 만든 빵을 먹은 사실을 알 수 있다. 껍질을 벗기고 말린 후 빻아서 만든 가루를 카사바 가루라 고 하며, 카사바의 전분만을 추출해서 가루로 만든 것이 타피오카 가 루다.

───────── • 신대륙의 식재료 • ─────────

콜럼버스는 앞 인용문에서 '당근같은 생김새에 밤 같은 맛이 나는

니아메스가 많다'고 기록했다. 아마도 고구마처럼 생긴 작물을 본 듯하다. 콜럼버스와 그 일행은 이외에도 수많은 현지 식재료와 음식을 목격했다.

두 번째 항해에 관리로 동행한 의사이자 왕실 전문의 디에고 알바레즈 찬카 박사(1463?~1515)는 에스파뇰라섬을 '토양이 매우 비옥하고 무엇이든 하기에 적합하다'고 평가했고, 스페인의 생선보다 더 맛있는 생선이 있다고 기록했다. 또한, 육두구나무로 추정되는 나무, 알로에의 일종, 육계나무의 일종을 확인하고 현지 사람들이 먹는 카사바 빵과 무와 같은 식물 아헤(고구마) 그리고 음식에 맛을 내기 위한 향신료 아히(고추) 등을 관찰했다.

마찬가지로 두 번째 항해에 동행한 제노바 사람인 콜롬버스의 어릴적 친구 미켈레 데 쿠네오(1448~1503)는 에스파뇰라섬에서 본 파인애플, 마메이(과일), 세이바나무 등에 대해서 상세하게 기록했다. 그도 아히에 대해 선주민들이 후추처럼 매운 알갱이를 마치 사과 먹듯이 먹고 있다고 묘사했다.

콜럼버스는 현지에서 야생포도도 확인했다. 하지만 술은 포도로 만든 것이 아니라 과일이나 옥수수(현지에서는 마이스)로 만든 술(현지에서는 치차)을 마시고 있는 것 같다고 적었다. 또 물고기 종류가 얼마나 많은지 놀라기도 했다. 문어, 새우, 숭어, 농어, 게, 참치, 대구, 상어 등 너무 많아서 일일이 헤아릴 수가 없다고 기록했다.

근세의 식탁으로

공화정 로마의 정무관인 가이우스 율리우스 카이사르(기원전 100~44년)는 변방 지역에 주둔하는 로마병사를 위해 다양한 식재료를 현지에 뿌리내리게 했다. 브리타니아에 주둔한 로마 병사들에게 포도, 호두, 무화과, 올리브, 고수 등을 옮겨심게 했고, 이후 현지 기후와 환경에 적응한 농작물들을 재배할 수 있게 되었다. 이 정책의 혜택은 로마 병사들뿐만 아니라 동맹관계를 맺은 주변 나라들도 함께 누렸다.

콜럼버스도 두 번째 항해에 나설 때 카이사르의 정책처럼 에스파뇰라섬에서 병을 앓던 스페인인의 건강회복을 위해 여러 종자를 가져가 에스파뇰라섬의 땅에 옮겨 심었다. 콜럼버스는 밀, 보리, 포도, 사탕수수 등을 심고, 밀과 사탕수수가 순조롭게 자라면 안달루시아나 시칠리아에서 재배하지 않아도 되겠다는 생각까지 했다. 말하자면 '실험'인 셈이다.

어떤 식물이 재배되었는지에 대해서는 쿠네오의 글에 상세히 적혀있다. 결과적으로 에스파뇰라섬에서는 멜론·오이·래디시·파슬리가 잘 자랐고, 양파·양상추·샐러드 채소류·파는 토양에 맞지 않았는지 잘 자라지 않고 모양도 매우 작았다고 한다. 밀·완두콩·누에콩은 싹이 나고 조금 자라다 시들어버렸다.

콜럼버스는 1차 보고에서는 서인도제도의 섬들에서 '양, 염소, 그 밖의 어떤 동물'도 보지 못했다고 했다. 이에 따라 두 번째 항해 때 쓰임새가 많은 동물, 즉 돼지·닭·개·고양이·소·암말·양·염소 등을 데려가 번식시켰다. 특히 돼지는 현지에 먹이가 충분해서 크게 번식했다.

그런데 콜럼버스의 신대륙 도달로 인해 이른바 '콜럼버스 교환' 현상이 일어났다. 이는 1492년 대항해 이후 유럽이나 아시아(구대륙)와 남북 아메리카(신대륙) 사이에 식재료인 식물(작물)을 비롯한 다양한 교류가 이루어진 것을 말한다. 두 번째 항해에서 시작한 첫 '실험'이 콜럼버스 교환의 시작이라고 할 수 있다.

15세기 말부터 신대륙과 구대륙의 식재료들은 서서히, 하지만 확실하게 섞이기 시작했다. 네 번째 항해에 동행한 콜럼버스의 아들 에르난도 콜론(1488~1539)의 보고에 따르면, 멜론·오이·야생 포도·이집트콩·사탕수수·밀 등 다양한 작물이 풍성하게 수확되었다.

콜럼버스가 네 번의 항해에서 각별히 신경 쓴 것은 배에 실은 식재료의 양과 품질이었다. 배에는 밀, 빵, 비스킷, 돼지고기, 마른고기, 과일, 포도주, 올리브유, 식초 등을 실었는데, 첫 항해 때 돌아오는 길에 식량이 부족해서 어려움을 겪는 모습을 기록에서 엿볼 수 있다. 1493년 1월 25일의 기록에는 '식량도 빵과 포도주와 인디아스의 아헤스뿐'이라고 기록했고, 선원들이 잡은 돌고래와 상어가 선상에서 진수성찬이 되었다. 아헤스는 아헤와 같은 말이다. 겉보기에는 무와 비슷하게 생긴 카사바 혹은 고구마 품종이라는 설이 있다.

16세기 이후에는 사람들이 '콜럼버스의 교환'의 혜택을 본격적으로, 그리고 크게 누리게 된다. 구체적인 내용은 다음 장인 에르난 코르테스 편에서 소개하겠다.

────────── • **15세기 이탈리아의 요리** • ──────────

구대륙쪽의 상황도 살펴보자. 콜럼버스가 살았던 시대에 등장한 이탈리아 요리책이 있다. 인문주의자이자 바티칸 도서관의 초대 관장 바르톨로미오 플라티나^{Bartolomeo Platina}(1421~1481)가 1470년대에 라틴어로 쓴 《참된 즐거움과 건강에 대하여^{De honesta Voluptate ac Valetudine}》는 이탈리아의 음식문화에 큰 영향을 끼쳤다.

이 책에는 재료의 맛을 살린 단순한 요리들의 레시피가 실려있다. 중세요리와는 확연히 달랐는데, 무엇보다 부와 권력의 상징으로 많이 사용되던 향신료가 최소한으로 사용되었다는 것이 특징이다. 플라티나는 향신료를 약의 대용품으로 인식하고 약의 효과를 기대한다면 소량만 사용해도 충분하다고 생각했다. 이후 이탈리아를 중심으로 향신료의 사용을 줄이는 방향으로 나아갔다.

플라티나는 식사 준비와 식사 방법 등 테이블 매너에 대해서도 교육했다. 식탁보와 냅킨은 흰색 천을 사용하며 나이프와 그릇은 깨끗이 씻어 청결을 유지하도록 했다. 또 처음에는 위장에 부담 없는 음식부터 먹고 시간을 들여 잘 씹어 먹으라는 등 소화를 돕기 위한 조언도 했다. 현대인에게는 당연하게 들리겠지만, 당시 귀족들에게는 참신한 조언으로 느껴졌을 것이다.

한편 콜럼버스와 동시대인이며 대표적인 '르네상스 맨Renaissance Man'으로 꼽히는 레오나르도 다빈치(1452~1519)도 이 요리책의 건강관에 큰 영향을 받았다. 줄곧 군주와 귀족들의 화려한 연회를 지켜보던 레오나르도는 플라티나의 책을 통해 절도 있는 식생활의 중요성을 느꼈을지 모른다. 실제로 레오나르도의 서재에 있던 요리책은 플라티나의 《참된 즐거움과 건강에 대하여》이 책 한 권뿐이었다고 한다.

15세기의 이탈리아와 스페인에 큰 영향을 끼친 요리사가 있었다. 그는 바로 루페르토 데 놀라Ruperto de Nola (생몰년 미상, 15~16세기)다. 놀라는 아라곤 왕이자 나폴리 왕이었던 알리폰소 5세(1416~1458년 재위)와 나폴리 후계자 페르디난도 1세(1458~1494년 재위)의 시종장을 지냈으나 그 이외의 행적은 수수께끼에 싸여있다.

근세의 식탁으로

놀라는 1477년에 《요리사의 책^{Libre del Coch}》의 원고를 완성했다. 그리고 그 원고는 《적절하게 접시를 배치하고 나이프를 사용하기 위한 철칙 및 요리 솜씨에 대한 책》이라는 제목으로 1520년에 바르셀로나에서 출판되었다. 카탈루냐어로 쓰여진 이 책은 이후에 카탈루냐어로 4회, 스페인어로 10회 출판되었다.

이 책에 등장하는 요리는 주로 15, 16세기 공통의 지중해 요리다. 중세의 카탈루냐 요리책과 이탈리아 요리책을 보면 각각의 요리가 서로 영향을 받았음을 알 수 있다. 놀라의 레시피 중에는 제노바, 베네치아, 롬바르디아, 그리고 프랑스와 이슬람의 영향을 받은 요리도 찾아볼 수 있다.

16세기에 출판된 책의 레시피에는 이슬람 요리인 무할레비^{muhallebi}(쌀 푸딩)(제5장)의 영향을 느끼게 하는 만자르 블랑코^{manjar blanco}가 실려있다. 만자르 블랑코는 닭가슴살, 염소 젖, 설탕, 쌀가루, 장미수를 넣고 끓인다고 했다. 이는 우유와 설탕을 넣고 고기나 생선을 끓이는 무할레비와 공통점이 있다. '하얀 음식'이라는 뜻의 만자르 블랑코는 시간이 지나면서 점차 고기를 사용하지 않고 우유, 설탕, 옥수수녹말 등을 젤라틴으로 굳힌 디저트 요리로 변모하게 되었다.

레콘키스타가 끝나고 콜럼버스의 첫 항해가 이루어진 1492년 당시의 스페인 식생활은 고대 그리스와 로마 음식의 유산과 이슬람 지배의 영향, 유대교도의 영향, 가톨릭의 종교 규범이 혼재하는 장이었다.

스페인의 대표적인 식재료인 올리브유와 마늘은 사실 고대 그리스와 로마시대에 들어왔다. 지리학자이자 역사가인 스트라본 Strabon(기원전 64년경~기원후 21년경)은 자신의 책《지리학Geographica》에서 '지중해에 인접한 이베리아반도의 해안에서는 올리브, 포도, 무화과, 그 외 모든 종류의 과실수가 풍부하게 재배되고 있다'고 기록했다.

711년에 이슬람세력이 이베리아반도를 침입한 이래 이베리아반도는 우마이야 왕조의 속주로서 알 안달루스로 불리게 되었다. 이후 그리스도교가 이베리아반도에서 레콘키스타를 완수한 1492년까지 약 800년에 걸쳐 무슬림, 유대인, 그리스도교인이 공존하며 살았다. 그 결과 지금도 스페인 남부에서 사용하는 식재료 중에는 아랍어에서 유래한 것들이 많다. 그 예로 알로스(쌀), 쿠스쿠스, 레몬, 수박, 주스 등이 있다. 쿠스쿠스는 굵게 빻은 곡물을 작고 둥글게 만들어 다양하게 조리해서 먹는 주식이다.

13세기에는 무와히드 왕조의 마그레브와 안달루시아 지역에서 저자를 알 수 없는 요리서 《식탁의 쾌락과 최상의 미식 접대》가 편찬되었다. 여기에는 10세기 후반에 바그다드에서 편찬된 아바스 왕조의 궁정요리서 《키타브 알타비크》(제5장)와 동일한 요리명도 여럿 보인다.

원래 무할레비는 페르시아 요리사가 무할랍이라는 장군을 위해 맛있는 요리를 대접한 것에서 유래한 것이다. 그런데 이 책에서는 장군이 기뻐하며 '무할레비!'라고 외친 것에서 유래했다고 한다. 이 무할레비의 요리법은 양고기를 카시아(콩과 나무), 가랑갈(향신료), 소금, 다진 양파와 함께 푹 삶은 후 다른 냄비에 양고기를 옮기고 우유와 설탕과 달걀물을 넣고 끓이는 것이다.

유대인 음식의 영향으로는 계율로 육식을 금한 것에서 비롯된 채소요리(피스토)를 들 수 있다. 오늘날에도 신선한 토마토가 들어간 피스토 만체고(라만차식 채소볶음요리) 등으로 이어지고 있다.

중세 스페인에서도 육식을 금하는 그리스도교의 금육재(고기나 계란, 유제품의 섭취를 피함)를 철저히 지켰는데, 카스티야와 같은 내륙부에서는 고기 대신 물고기를 조달하기가 보통 어려운 일이 아니었다. 그래서 중세 후기에는 '고기'를 먹지 않는다는 의미로 돼지의 내장을 먹게 된 것으로 보인다.

한편, 북아프리카의 베르베르인은 스페인에 스튜와 여러 재료를

넣고 끓인 음식을 전파했다. 소고기, 양고기, 닭고기, 소시지, 미트
볼, 그리고 병아리콩을 넣어 끓인 이 수프는 그 후 스페인 전통요
리인 올라 포드리다^{Olla podrida}(스페인식 스튜)의 원형이 되었다.

　이외에도 스페인에는 고대 로마시대나 서고트 왕 시대의 식습관
도 남아있어 다소 이국적인 정서를 느끼게 한다.

CHAPTER 10

콜럼버스 교환의 시대

에르난 코르테스
Hernán Cortés

날이 밝자마자 우리는 마을을 둘러보며 걸어다녔습니다. 마을은 매우 잘 계획되었으며 훌륭한 집들이 인접하고 있었습니다. 집집마다 많은 면직물이 있었는데 이미 짜놓은 옷감과 앞으로 짤 것도 있고, 또 그들이 사용하는 깨끗한 의복이 있었습니다. 그리고 많은 양의 말린 옥수수, 카카오, 프리홀콩, 고추, 소금, 우리에 있던 많은 암탉, 염소, 메추라기, 매우 맛있는 식용견, 그 외 모든 종류의 식량이 있어 만일 그것들을 실을 수 있는 선박이 있다면 여러 날의 식량을 비축할 수 있었을 것입니다. 하지만 그러기 위해서는 그것들을 등에 지고 20레구아(111킬로미터)를 옮겨야 하는데, 우리는 너무 쇠약해져서 그곳에서 며칠을 쉬어도 새로운 짐 없이 배까지 돌아가는 것이 고작이었습니다.

에르난 코르테스, 《코르테스 보고서》 다섯 번째 서한 중에서 레콘키스타의 종식과 콜럼버스의 신대륙 도달은 세계 각지의 사람들에게 다양한 영향을 끼쳤다. 1485년에 스페인 남서부에서 태어나, 후에 콘키스타도르(정복자)가 된 에르난 코르테스(1485~1547)도 그 영향을 받은 사람 중 한 명이다. 그의 부모는 이달고라 불린 하급귀족계층이었다. 레콘키스타가 종결되면서 이베리아반도에서 대규모 전쟁이 일어날 기회는 사라졌고, '전투'로 사회적 지위를 상승시킬 수밖에 없었던 이달고에게는 지위 상승을 위해서는 이탈리아로 건너가거나 아메리카대륙의 정복전쟁에 참가하는 선택지밖에 없었다.

코르테스가 태어난 메데인은 이베리아반도 남서부 에스트레마두라 지방의 반건조지대에 위치했다. 이곳은 농경에 적합하지 않고 방목밖에 할 수 없는 결코 풍요롭지 않은 지역이었다. 코르테스는 지리적으로 척박한 환경과 당시 이달고가 직면한 폐쇄적인 상황 속에서 성장했다. 코르테스는 14살에 살라망카 대학교 법학부에 입학하여 라틴어와 법학의 기초를 배웠다. 이를 토대로 코르테스는 높은 문해력을 갖추게 되었고 훗날 다양한 보고문서를 스페인 궁정에 보낼 수 있게 되었다.

이후 1504년에 코르테스는 에스파뇰라섬 산토도밍고에 도착해 다음 기회를 엿보고 있었다. 1509년에 콜럼버스의 아들이자 산토도밍고 총독인 디에고 콜론이 쿠바정복을 계획하자, 코르테스는

콜럼버스 교환의 시대

그 계획에 참여해서 활약했다. 쿠바를 정복한 후에는 현지의 목장, 농장, 금광 경영에 관여했다.

그리고 1519년에 멕시코에 상륙했다. 당시 멕시코 중앙부에는 약 20만 평방킬로미터의 영토를 지배하던 아스테카 왕국이 있었다. 수도 테노치티틀란은 인구 20만 명 이상을 수용하는 대도시로, 복잡하고 정교한 사회와 문화를 구축하고 있었다. 코르테스는 이러한 아스테카의 실상을 서신으로 기록했다.

코르테스는 선주민 인디오(라틴아메리카 원주민)와의 교전을 피하고 평화적으로 얻은 황금을 가지고 돌아가라는 벨라스케스 총독의 명령을 어기고, 이 땅을 정복해서 식민지로 만들 계획을 세웠다. 그는 아스테카 왕국과 반아스테카세력에 이중외교를 펼쳐 전쟁 카드와 평화 카드를 번갈아 내밀면서 아스테카 왕국 안팎의 도시국가들을 차례로 복속시켰다. 그리고 마침내 1521년 8월, 테노치티틀란을 함락시키고 아스테카 왕국을 정복했다.

1523년에 코르테스는 스페인 왕 카를로스 1세(1516~1556년 재위, 신성로마황제 카를 5세)로부터 누에바에스파냐(스페인제국의 부왕령)의 총독으로 임명되어 멕시코를 통치하기 시작했다. 하지만 온두라스로 원정을 떠난 동안 멕시코에서는 코르테스의 반대세력의 밀고 사건과 아스테카 왕국의 쿠아우테목(1520~1521년 재위) 왕의 교수형 등으로 혼란이 가중되었다. 이에 코르테스는 본국으로부터 직무

정지를 당했다.

코르테스는 아스테카를 정복한 후 스페인에 두 차례 돌아갔다. 1528년에 본국으로 돌아간 코르테스는 카를로스 1세에게 탄원했고, 이후 '오악사카 계곡의 후작'으로 임명되어 총사령관직을 유지할 수 있었다.

그러나 1530년에 다시 멕시코에 돌아온 코르테스는 그러한 직함이 장식에 불과하다는 사실을 깨달았다. 실권은 모두 스페인 왕실의 고관들에게 빼앗겨 식민지정치에 관여할 수 없었던 것이다. 그는 실의에 빠져 10년을 보내다 1540년에 또다시 스페인으로 돌아갔다. 코르테스는 총독 재임명을 요구하며 청원했지만, 이번에는 받아들여지지 않았다. 이후 코르테스는 통치자의 꿈을 버리고 지식인들과 교류하며 시간을 보내다가 남은 생을 멕시코에서 지내기로 결심했다. 코르테스는 멕시코로 출항을 준비하는 와중에 1547년 세비야에서 사망했다.

─────── • 콜럼버스 교환 첫 번째: 신대륙에서 온 선물 • ───────

16세기 유럽은 중세부터 이어진 맛의 계승과 함께 신대륙에서 건너온 새로운 식재료가 도입되던 시기였다. 이른바 '콜럼버스 교환

(제9장)'에 의해 신대륙으로부터 다양한 물품이 스페인으로 전해졌다. 코르테스도 아스테카 왕국의 땅에서 본 옥수수, 카카오, 프리홀콩, 고추 등 많은 식재료를 보고했다. 코르테스가 보고서한에 남긴 신대륙 식품은 1560년경까지 유럽에 들어왔다. 상세한 내용을 확인해보자.

첫째, 옥수수는 코르테스가 서한에 가장 많이 기록한 작물이다. 콜럼버스의 항해 이후 유럽에 전해져 그 이름이 널리 알려진 작물로 카리브해에서 들여와 1530년대에 안달루시아에서 재배하기 시작했다.

둘째, 메소아메리카 원산인 카카오는 껍질의 과육에 둘러싸인 씨앗이 발효와 건조 과정을 거쳐 카카오닙이 되고, 이것을 볶고 으깨면 초콜릿 원액이 된다. 코르테스는 현지에서 카카오를 음료의 일종으로 인식했고, 편지를 통해 카를로스 1세에게 소개했다.

셋째, 강낭콩은 현지에서 프리홀콩(프리홀레스)이라는 이름으로 불리며, 콜럼버스를 비롯해 페르디난드 마젤란(1480~1511) 등 여러 사람들이 여행기나 편지에 현지에서 발견한 이 콩에 대해 기록했다.

마지막으로 고추는 현지에서 코르테스가 6번 정도 기록한 매운맛의 작물이다. 16세기 후반에는 스페인의 정원과 채소밭에서 고추가 재배되기 시작했다.

이외에 고구마도 카를로스 1세 때 스페인에 소개되어 파타타[Patata]라는 이름이 붙여졌다. 또한, 프란시스코 수도회의 선교사로 6년 이상 멕시코에서 포교활동을 한 베르나르디노 데 사아군[Bernardino de Sahagún] (1499?~1590)이 다양한 색깔과 크기의 토마토에 대해 언급했지만, 언제쯤 스페인에 들어왔는지는 기록이 없어 확실히 알 수 없다. 신대륙에서 가져온 이 작물을 땅에 심고 처음에는 감상용으로 키웠다고 한다. 토마토가 음식 재료로서 책에 등장한 것은 17세기 이후부터다.

──────── • 아스테카에 없어서는 안 될 식량, 옥수수 • ────────

16세기 아스테카 왕국의 식생활은 어떠했을까? 코르테스의 편지에 아스테카 왕국의 수도 테노치티틀란(편지에는 테믹스티탄으로 표기) 광장에 열린 시장의 식료품과 식재료에 대한 내용이 있어서 인용한다.

닭 · 자고새 · 메추라기 · 들오리 · 벌새 · 쇠오리 · 염주비둘기 · 쌀먹이새 · 잉꼬 · 올빼미 · 독수리 · 매 · 새매(수컷) · 황조롱이 등 온 나라에 있는 모든 종류의 야생조류와 가금류를 파는 거리도 있습니다. (중략) 토끼와 사슴, 또 거세해서 식용으로 키운 강아지도 팔고 있습니다. 온갖 종류의 약용 뿌리와 약초를 살 수 있는 약재상 거리도 있습니다. (중략) 온갖 종류의 채소가 있는데, 특히 양파·파·마늘·후추풀·물냉이·보리지·수영·엉겅퀴·돼지감자 등이 눈에 띕니다. 과일도 다양한 종류가 있는데 그중에서도 체리와 매실은 스페인과 비슷합니다. 벌꿀과 밀랍, 거기에 사탕수수와 비슷한 매우 달콤한 옥수수 꿀도 팔고 있습니다. 다른 섬들(카리브해의 크고 작은 안틸제도)에서 마게이(메즈칼)라 부르는 식물에서 얻은 꿀도 파는데 시럽보다 훨씬 맛이 뛰어납니다. 이 식물로 설탕이나 술도 만들어 팔고 있습니다. (중략) 옥수수도 생으로 팔거나 빵으로 만들어 대량으로 판매하는데, 모양도 맛도 다른 섬들이나 티에라 피르메(파나마지협에 걸친 지역)의 어느 곳보다도 훨씬 낫습니다. 새고기를 넣은 경단이나 물고기를 넣은 파이도 팔고 있습니다. 물고기는 신선한 것, 소금에 절인 것, 활어, 생선조림 등 다양하게 팔고 있습니다. 달걀과 거위 알을 비롯해 앞에 언급한 온갖 종류의 새들의 알도 많이 팔고 있습니다.

에르난 코르테스, 《코르테스 보고서》 두 번째 서한 중에서

코르테스는 테노치티틀란이 스페인의 세비야나 코르도바와 같

이 크다고 했다. 그리고 시장은 마치 그라나다 시장의 섬유거리와 같은데 상품들의 면면은 이쪽이 더 다양하며, 당시 스페인의 각 도시와 비교해도 그 이상으로 훌륭하다고 보고했다.

또한, 선교사인 베르나르디노 데 사아군은 원주민에게 아스테카의 음식 사정에 대해 질문하고 조사한 내용을 기록하기도 했다. 그가 저술한《누에바 에스파냐의 문물 일반사》Historia general de las cosas de la Nueva España》에서 식재료 관련 부분을 뽑아보면 다음과 같다.

'부드럽게 접어 만든 토르티야(옥수수 가루 반죽을 얇게 펴서 구운 것으로 여러 재료를 넣고 싸서 먹는 음식), 나비 모양을 한 토르티야, S자형의 토르티야, 작은 타말(옥수수 반죽에 야채 등을 섞고 옥수수 껍질에 싸서 찐 요리), 구운 옥수수', '물, 옥수수, 소금, 이 세 가지는 사람들 생활에 꼭 필요한 양식', '고추(칠리), 아똘레(옥수수를 원료로 한 죽 같은 음료), (원료인 옥수수를 석회수에 담그지 않고) 떫은맛을 빼지 않은 토르티야', '둘로 잘라서 심지를 뺀 얼룩무늬가 있는 초록 호박', '말린 옥수수 알갱이(여기까지 제1서)', '모든 종류의 옥수수와 강낭콩과 치아(청량감 있는 샐비어의 씨앗)', '금방동사니, 에차리(옥수수와 콩으로 만든 죽 혹은 조림), 죽과 같은 그들이 즐겨 먹는 요리(여기까지 제2서)', '빵(주식인 토르티야를 가리킴)과 물(제4서)', '옥수수의 다양한 종류(제11서)'

'물, 옥수수, 소금, 이 세 가지는 사람들 생활에 꼭 필요한 양식'
이라고 코르테스가 편지에 가장 많이 언급한 대로 옥수수는 아스
테카 사람들에게 없어서는 안 될 식품이었다. 아스테카 사람들은
고대 멕시코 아스테카족의 신화에 나오는 농업의 여신 치코메코
아틀을 숭배하고 있었다. 아스테카인들은 일반적으로 옥수수 가루
반죽을 원반형으로 만들어 양면을 살짝 구운 토르티야를 먹었다.
아마 코르테스가 시장에서 묘사한 옥수수를 빵으로 만든 것이 바
로 이 토르티야였을 것으로 추정된다.

옥수수는 메소아메리카에서 남미 안데스로 전해졌다. 그런데 옥
수수를 토르티야로 만들어 먹는 방법은 전해지지 않은 모양으로,
안데스에서는 옥수수 알갱이를 삶아서 먹는 모테와 알갱이를 볶아
서 먹는 칸차를 주로 먹었다.

• 몬테수마 2세의 식탁 •

코르테스는 아스테카 왕국 몬테수마 2세(1502~1520년 재위, 코르테스
편지에서는 무스테마로 표기)에게 환대받고 식사를 함께하며 아스테카
군주의 식탁에 대해서도 편지에 기록을 남겼다. 다만 구체적인 요
리 이름은 적혀있지 않다.

그래서 코르테스의 멕시코 정복에 참여했던 베르날 디아스 델 카스티요^{Bernal Diaz del Castillo}(1496~1548)가 저술한《신 에스파냐(멕시코) 정복의 진정학 역사^{Verdadera historia de la conquista de la Nueva España}》를 살펴보도록 하겠다.

> 닭·칠면조·꿩·이 나라의 자고새·메추라기·가축으로 기르는 오리·들오리·사슴·이 나라의 돼지·물가에 서식하는 여러 작은 새·비둘기·산토끼·집토끼 등 이 나라에서 볼 수 있는 실로 다양한 새와 동물을 사용한 요리가 몬테수마 2세를 위해 준비되었다.

코르테스가 시장에서 보았던 대부분의 가축이 사용된 것을 알 수 있다. 또한, 코르테스와 카스티요의 기록을 통해 아스테카 사람들은 신분의 고하에 상관없이 육류를 먹을 기회가 많았음을 알 수 있다.

한편 유럽의 닭·말·소·당나귀·양·염소는 원래 신대륙에 없었고, 이 동물들은 '콜럼버스 교환'으로 유럽에서 가져온 것이다. 당시 신대륙에는 라마·알파카·칠면조와 같은 동물들이 있었다. 참고로 코르테스와 카스티요가 기록한 '닭'은 구대륙의 닭과 비슷한 새를 지칭하며 '이 나라의 돼지'는 멧돼지일 것으로 추정한다.

칠면조는 북쪽에서 멕시코 분지로 들어온 조류로, 15세기에는 엄청난 수의 칠면조가 사육되고 있었다. 아스테카 사람들은 이 새를 찰치우토톨린(보석으로 장식한 칠면조) 신으로 숭배했다. 음식으로 먹을 때는 고추소스로 조리해서 먹었다. 사아군의《누에바 에스파냐의 문물 일반사》속 그림에는 연회에 음식으로 나온 칠면조와 타말이 그려져 있다. 몬테수마 2세도 칠면조를 고추소스와 함께 먹었을지 모르겠다.

—• 콜럼버스 교환 두 번째: 신대륙으로 가져온 식재료와 음식 •—

코르테스가 아스테카 왕국을 정복한 후 아스테카 왕국의 음식문화에 끼친 영향을 살펴보자. 콜럼버스의 2차 항해일지(1493~1496)에도 기록되어 있듯이 에스파뇰라섬에서 밀·보리·포도·사탕수수 등의 재배가 시작되었고, 멕시코에서도 16세기부터 재배되기 시작했다. 쌀·돼지고기·라드·양파·마늘·후추·계피·설탕 등의 식품도 스페인 사람과 함께 신대륙으로 건너갔다. 그리고 이 작물들은 멕시코 대지에서 풍요롭게 열매를 맺었고 수확되었다.

원래 이 나라에 자생하고 있던 식물과 스페인에서 들여온 식물

을 함께 보노라면 아시아, 아프리카, 유럽에 있는 식물은 모두
이 나라에서 충분히 재배가 가능하다. 이런 점에서 이곳은 정
말이지 또 하나의 새로운 세계라고 부를 수 있다.

토리비오 데 베나벤테 모톨리니아, 《누에바 에스파냐 포교사》 중에서

프란시스코회 선교사 모톨리니아^{Motolinia}(1482~1565)는 1541년에
아스테카를 정복한 후 그 지역에서 포교활동을 하면서 멕시코의
토양과 작물 재배 가능성에 대해 기록했다. 또 테노치티틀란에서
80킬로미터 남쪽에 위치한 쿠에르나바카에서 심은 대추야자가 순
조롭게 열매를 맺었다는 사실도 보고했다. 그 외 스페인의 포도는
재배되고 있지 않지만 야생 포도덩굴이 있어서 스페인사람들이 이
것을 이용해 식초나 포도주를 만들었다는 점, 완성된 농장에서 사
탕수수도 잘 자라고 있다는 내용도 기록했다.

콜럼버스가 15세기 말에 에스파뇰라섬에서 심은 사탕수수는 16
세기에 들어서면서 급속하게 재배지를 넓혀갔다. 콜럼버스 교환은
신대륙 토양의 높은 작물 재배 가능성과 이를 성장시켜 가려는 식
민지 개척자들의 정열과 강한 집념에 의해 이루어졌다고 말할 수
있다.

스페인 요리도 멕시코에 전해졌다. 16세기 스페인에서 가장 인
기가 많은 요리책은 루페르토 데 놀라(제9장)가 저술한《요리사의

콜럼버스의 교환

책》이었다. 이 책에는 기소^{Guiso}라고 불리는 고기조림 요리가 있다. 볶은 양파, 마늘, 계피, 커민, 정향, 아니스, 참깨와 같은 향신료를 넣은 기소 요리는 신대륙에 들어오면서 고추가 추가되는 등 신구 양대륙의 식재료가 서로 섞이며 조화를 이루기 시작했다. 새로운 재료가 가미된 새로운 요리로 조금씩 변화가 이루어졌고, 19세기에는 신구대륙의 마리아주 요리 레시피가 멕시코 요리로서 많이 남게 되었다.

또 돼지와 같은 가축이 신대륙에 들어오면서 소시지도 함께 전해졌다. 이베리아반도에서 만들기 시작한 돼지고기 소시지인 초리조가 아스테카에도 전해졌다. 잘게 다진 돼지고기에 소금을 섞고

에르난 코르테스

흑후추, 육두구, 파프리카, 로즈마리를 넣어 돼지 내장에 채워 말린 초리조는 멕시코에서 파프리카가 고추로 바뀌어 초리조 피칸테가 되었다. 또 돼지고기로 만들던 것을 소고기나 사슴고기를 더해서 만드는 경우도 생겨났다. 16세기에 신대륙과 구대륙의 식재료가 만나면서 구대륙의 요리는 새로운 요리로 변모해갔다.

다양한 음식문화를 계승한 오스만제국

술레이만 1세
Süleyman I

Süleyman I

술탄 중의 술탄, 왕 중의 왕, 세계의 왕자들에게 왕관을 주는
자, 지상의 신의 그림자, 백해(지중해)와 흑해, 루멜리아(오스만제
국 통치하의 남부 발칸 지역)와 아나톨리아, 카라마니아(아나톨리아 중
남부), 룸(아나톨리아의 시바스 부근), 둘카디르, 디야르바키르, 쿠르
디스탄, 아제르바이잔(메디아), 아잠(페르시아), 샴(시리아), 알레포,
이집트, 메카, 메디나, 예루살렘(쿠두스, 성스러운 곳), 아라비아 전
역, 예멘 등 나의 영광스러운 조상들이 승리하여 정복한 많은
지역(그들 신앙의 현현顯現을 신이 빛으로 감싸주시길!)

우리 영광스러운 폐하가 불타는 검과 승리의 검으로 복종시킨
많은 나라들과 마찬가지로 술탄 바예지드의 아들 술탄 셀림의
아들인 우리의 술탄 술레이만 칸이 그대 프랑스 국왕 프랑수아
에게 글을 쓴다.

'술레이만 대제가 프랑스 국왕 프랑수아 1세에게 보내는 편지' 중에서

오스만제국이 황금시대를 맞이한 무렵의 술탄(권력자, 군주)에 대해 이야기를 해보자. 바로 오스만제국 제10대 술탄인 술레이만 1세 (1520~1566년 재위)의 이야기다.

앞 인용문은 술레이만 1세가 프랑스 국왕 프랑수아 1세에게 보낸 편지로, 시기는 1526년 2월경 파비아 전투●에서 패하고 투옥된 프랑수아 1세의 구원요청에 대한 답신이다.

오스만제국과 프랑스는 각각의 이해관계에 따라 오랫동안 동맹 관계를 맺어왔다. 당시 중부유럽에는 현재의 독일과 오스트리아를 중심으로 주변 일대에 세력을 확장 중인 '독일인의 제국', 즉 신성 로마제국이 자리잡고 있었다. 중부유럽으로 진출하고자 하는 오스만제국 입장에서는 이 신성로마제국이 큰 장벽이었다. 그래서 프랑스와 협력하여 유럽진출의 기회를 얻고자 했다. 반면 프랑스 입장에서는 세력을 확대하는 신성로마제국의 약화를 도모하고 황제 카를 5세에게 대항하기 위해 더 먼 동쪽에 위치한 새로운 세력과 손을 잡은 것이다.

● 이탈리아 지배를 둘러싼 신성로마제국과 프랑스가 벌인 전쟁으로, 제4차 이탈리아 전쟁의 일환이다. 이 전쟁은 카를 5세의 대승으로 끝이 났다.

•
다양한 음식문화를 계승한 오스만제국

1494년 11월 6일, 술레이만 1세는 흑해 남해안에 인접한 트라브 존에서 태어났다고 전해진다. 1520년에 아버지 셀림 1세가 병사하자, 술레이만 1세가 뒤를 이어 제10대 술탄으로 즉위했다. 그 당시 오스만제국은 흑해 북부와 도나우강 이남의 거의 전 지역에서부터 이집트에 이르는 영토를 보유하고 있었다.

술탄이 된 술레이만 1세는 선대인 아버지에 의해 이스탄불에 억류된 아바스 왕조 칼리프의 자손을 비롯해 이집트의 주요 인사와 상인들을 풀어주었다. 또 페르시아 상인과 장인들이 고국으로 돌아가는 것을 허락했다. 이에 따라 비단 무역을 중심으로 이란과의 교역활동이 재개되었고, 제국의 법제체제를 확실히 정비했기 때문에 술레이만은 '입법왕(카누니)'이라는 이름도 얻었다.

술레이만은 당시 '세계의 지배자'인 신성로마황제 카를 5세(제10장)를 의식하고 있었다. 1530년에 카를 5세가 볼로냐에서 황제 대관식을 거행한 사실을 알게 된 술레이만은 1532년 빈 재원정에 나설 때 특별히 사중관*을 제작하여 머리에 쓰고 당당히 진군했다.

● 술레이만의 사중관은 교황보다 더 위대하다는 것을 보여주기 위해 교황의 삼중관을 의식했다는 설이 있다.

자신이 '세계의 지배자'라는 의미를 부여한 이 행동은 진군 도중에 베오그라드에서 고대 로마양식의 개선문을 장식한 것에서도 알 수 있다. 이후 오스만제국과 신성로마제국은 헝가리를 둘러싸고 여러 차례 싸움을 벌였고, 최종적으로 1547년에 5년간의 평화협정을 체결했다.

술레이만은 서방뿐 아니라 동방에도 눈을 돌려 1534년에 사파비 왕조를 토벌하기 위해 이란으로 진군했다. 이어 1555년에 사파비 왕조의 화해 요청을 받아들이고 이라크, 코카서스, 타브리즈 일대를 차지했다.

동방과 서방에 세력을 확대한 오스만제국의 술레이만은 계속해서 동지중해의 패권확대를 목표로 삼고 해군 강화에 힘썼다. 그 결과 1538년에는 프레베자 해전에서 베네치아·로마교황·스페인 연합함대를 무찌르고 에게해부터 아드리아해, 그리고 알제리에 이르는 지중해 지역에서 우위를 점했다. 베네치아는 지중해 교역을 잃지 않기 위해 오스만제국과 화친을 꾀하고 1540년에 화의를 성립시켰다.

주변국들과의 세력다툼이 어느 정도 일단락되자 술레이만은 내치에 힘을 쏟았다. 무엇보다 수니파(이슬람교의 가장 큰 문파) 이슬람의 관점에서 카눈나메(법령) 정비에 힘을 쏟아 술탄에게 권력을 집중시키기 위한 제도들을 체계화했다. 즉 술탄이 정한 법(카눈)과 이

다양한 음식문화를 계승한 오스만제국

슬람법의 관계를 명확히 했다. 이리하여 술레이만 1세는 군사, 행정, 종교의 균형을 꾀한 법치기구를 정비하고 모든 권력이 술탄에게 집중되는 중앙집권체제를 완성했다.

술레이만 시대에는 수도 이스탄불의 도시건설을 계획적으로 수립하여 많은 건축물을 세우기도 했다. 모스크 건설과 수로 정비가 동시에 진행되었으며, 이외에도 상업시설, 교량, 궁전과 고관의 저택 등 다양한 건축물이 건설되었다. 이스탄불은 16세기 유럽세계에서도 손꼽힐만한 많은 인구를 보유하게 되었고, 식량공급도 이스탄불과 제국 각국을 연결한 행정 네트워크 속에서 잘 유통되도록 대처했다.

1566년에 술레이만 1세에게 최후의 시간이 찾아왔다. 그는 오랜만에 직접 원정에 나선 남헝가리의 시게트바르에서 공성전(성 공격)을 벌이다 결국 죽음을 맞이했다. 그의 나이 71세였다.

──────────── • 16세기 오스만제국의 식재료 • ────────────

서유럽세계에서는 술레이만을 '장엄한 술레이만Suleiman the Magnificent', 오스만제국 사람들은 '입법왕'이라고 불렀다. 이러한 술레이만의 통치하에 오스만제국은 이른바 황금기를 맞이했다. 당시 오스만제국의 영토는 아나톨리아와 발칸반도를 중심으로 북아프리카 일대와 우크라이나 남부, 크림반도, 그리고 아랍권의 대부분(모로코 제외), 이라크, 아라비아반도 남부의 예멘까지 이르는 광범위한 영토를 차지했고, 지중해세계의 주변 지역으로도 세력을 확장해나갔다.

아나톨리아 고원에서는 주로 밀이, 헝가리 대평원과 테살리아 평원에서는 보리와 밀이 수확되었다. 서부 아나톨리아, 킬리키아(튀르키예 남부와 지중해에 면한 지역), 발칸반도, 이집트에서는 쌀이 재배되었다. 사탕수수는 이집트와 키프로스에서, 포도주는 그리스, 트라브존, 헝가리에서 생산되었다.

16세기 후반 한랭화 시기에는 수도 이스탄불의 식량위기에 대처하기 위해 칙령을 내리고 제국 전역에 연결된 교통로를 활용해 식량을 공급하도록 했다. 이스탄불에서는 매일 엄청난 식량이 소비되었기 때문에 막대한 양의 상품이 사방에서 운송되어왔다. 식재료만 추려봐도 발칸반도에서 양과 새끼양, 도나우강과 흑해 지역에서 밀, 이집트와 키프로스에서 쌀·소금·설탕·대추야자, 동남아시아와 인도에서 후추·육두구·계피·생강 등의 향신료, 예멘에서 커피 등 여러 나라의 물산이 이스탄불로 모여들었다.

커피의 원산지는 원래 동아프리카의 에티오피아로, 그곳에서 바다 건너편 예멘으로 전해졌다. 15세기 전반에는 예멘의 수피 교단에서 늦은 밤 기도 시간까지 자지 않도록 졸음을 깨우는 용도로 커피를 마시기 시작했다. 그러다 15세기 후반 즈음부터 이슬람세계로 점차 퍼져나가 커피를 마시게 되었다. 커피와 그 효능에 대한 정보는 빠르게 아랍세계로 퍼져나갔고, 커피는 아라비아반도를 북상해서 15세기 말에는 메카로, 16세기 초에는 카이로에 진출했다.

술레이만 1세의 아버지인 셀림 1세는 1516년에 당시 이집트와 시리아 일대를 통치하던 맘루크 왕조의 군대를 마르즈 다비크에서 격파하고, 이듬해 1517년에 카이로 근교에서 또 승리를 거두어 맘루크 왕조를 멸망시켰다. 이스탄불(콘스탄티노플)에 수도를 둔 나라가 이집트를 지배한 것은 641년에 비잔틴제국이 당시 속주였던 이 일대를 상실한 이후 처음이었다(제6장).

술레이만은 즉위 직후에 시리아와 이집트에서 일어난 반발을 진압하고, 이집트 통치를 정상궤도에 올려놓았다. 북아프리카에서 이스탄불로 가는 교역로가 안정되자 마침내 16세기 중반에 커피는 이스탄불에 도달했다.

이스탄불에 커피가 전래되고 유통경로가 자리잡히자 1550년대

술래이만 1세의 커피 농사 장려로 오스만제국은 커피의 나라가 되었다.

에 알레포 출신의 두 아랍인이 커피가게^{Kahve}를 열었다. 이후 커피
의 물결이 봇물 터지듯이 유럽세계로 밀려들기 시작했다.

─────・ 오스만제국 요리의 첫 번째 원류: 유목의 유산 ・─────

오스만제국의 기원은 13세기 후반에 작은 튀르크계 무슬림집단을
이끌고 등장한 오스만 1세가 아나톨리아반도 서부에서 세력을 형
성한 작은 군후국^{君侯國}에서 시작되었다. 튀르크족의 기본적인 음식
은 유목생활에서 익숙한 고기와 유제품이었다. 특히 유제품은 염
소, 양, 소에게 얻은 젖으로 요구르트를 만들고 버터와 치즈도 만들

었다.

신성로마황제 페르디난트 1세(1531~1564년 재위)의 대사로 오스만제국에서 8년간 머문 오지에 길랭 드 뷔스베크 Ogier Ghislain de Busbecq(1522~1592)는 오스만제국 사람들의 음식문화에 대해 라틴어로 편지를 남겼다.

> 튀르크인들은 여행 중에 따뜻한 음식을 먹지 않는다. 먹는 음식은 다음과 같다. 옥시갈라(응유), 치즈, 말린 자두, (중략) 호두, 마르멜루, 무화과, 건포도….
>
> 오지에 길랭 드 뷔스베크, 《라틴어 보고 서한집》 중에서

여행 중에 불을 사용하지 않고 식사를 했다면, 유제품인 응유와 치즈를 음식으로 먹었다는 것도 납득이 간다. 그리스어에서 유래한 옥시갈라를 직역하면 '시큼한 우유'이므로 튀르크인은 요구르트를 기본으로 한 응유나 치즈를 먹었음을 알 수 있다. 덧붙여 12세기 비잔틴제국의 콘스탄티노플 거리에는 많은 노점이 늘어서 있었고, 항아리에 담긴 유제품을 어깨에 맨 아이가 돌아다니며 사람들에게 옥시갈라를 사지 않겠냐고 권했다는 기록이 있는 걸로 보아 비잔틴제국 당시에도 이 지역 사람들은 유제품을 즐겨 먹었음을 알 수 있다.

그만큼 유제품, 특히 요구르트는 사람들의 생활에 밀착해 있었기 때문에 이스탄불에는 오래전부터 수많은 요구르트 전문 제조업자가 존재했다. 술탄을 위한 요구르트를 만드는 데에 무려 100명이 관여했고, 민간 요구르트 제조소가 500개 정도, 요구르트를 만드는 장인이 1,600명이나 있었다고 한다.

──• 오스만제국 요리의 두 번째 원류: 비잔틴제국의 유산 •──

오스만제국은 수도 이스탄불을 중심으로 멸망한 비잔틴제국의 식문화도 그대로 이어받았다. 하지만 중앙아시아에서 아나톨리아반도에 정착한 튀르크족에게 특히 지중해세계의 해산물은 익숙하지 않은 음식이었을 것이다. 오스만제국에서 사용한 해산물 이름 중에는 비잔틴제국의 그리스어에서 유래한 것이 많다.

또 고대 로마시대부터 이어진 비잔틴제국 전통의 가룸은 술레이만 1세 시대까지는 남아있었지만, 그 후 단절되고 말았다. 내륙의 담수어(민물고기)는 튀르크어를 기원으로 가진 이름이 많은 걸 보면, 이는 유목민 시대부터 사용되던 명칭을 그대로 이어받은 것으로 보인다.

해산물 이외에 채소나 콩도 그리스어에서 유래한 이름들이 있는

다양한 음식문화를 계승한 오스만제국

데, 이는 비잔틴제국에서 계승된 것임을 엿볼 수 있다. 그 예로 시금치(이스파나), 아티초크(엔기나르), 강낭콩(파술레), 버섯류(만타르) 등을 들 수 있다.

그리스어에서 유래한 해산물 명칭

명칭	튀르크어	그리스어
가다랑어	팔람트 palamt	파라미다 παλαμίδα
정어리	사르달예 sardalye	살데라 σαρδέλα
전갱이	이스타브리트 istavrit	사브리디 σαυρίδι
고등어	우스쿰루 uskumru	스쿰브리 σκουμπρί
오징어	칼라마르 kalamar	카라마리 καλαμάρι
문어	악타포트 ahtapot	옥토푸스 όκτώπους
가재	이스타코스 istakoz	아스타코스 αστακός
홍합	미디에 midye	미디 μύδι

──• 오스만제국 요리의 세 번째 원류: 이슬람 문화의 유산 •──

오늘날 튀르키예 요리를 대표하는 요리라면 역시 케밥을 꼽을 수 있다. 아랍 어원의 단어에서 알 수 있듯이 오스만제국 궁중요리의 원류 중 하나가 아랍 및 페르시아의 이슬람 음식문화에 있다. 튀르크계 유목민 오구즈족은 중앙아시아에서 서진 남하하여 이슬람 문화를 흡수하면서 아나톨리아 땅으로 들어왔다. 이들은 이란을 장악해 셀주크 왕조를 세웠고, 거쳐온 아랍과 페르시아의 음식문화를 향유하며 자신들의 것으로 만들었다. 그 후 아나톨리아에서 룸 셀주크 왕조를 세우면서 점차 아나톨리아의 이슬람화 그리고 튀르크화가 진행되었다.

13세기에 룸 셀주크 왕조는 훌레구 울루스(제7장)의 속주가 되었고, 14세기 초에 멸망했다. 하지만 아나톨리아 서부로 옮겨가 오스만제국을 세운 튀르크인들에 의해 이슬람식 음식문화의 전통이 계속 이어졌다.

사실 오스만 왕조 시대에 가장 오래된 요리책은 무함마드 이븐 마흐무드 알셰르와니(1375~1450)가 저술한 《요리책》이다. 알셰르와니는 15세기 아제르바이잔의 시르바니 지방 출신으로 무라트 2세(1404~1451)를 섬긴 의사였다. 그런데 이 책은 13세기 전반에 알바그다디(?~1239)가 아랍어로 편찬한 《키타브 알타비크》(제8장)를 오스만어로 번역한 것이다. 《키타브 알타비크》는 수세기 동안 중세 아랍세계에서 유행한 요리책인데, 오스만 왕조에서도 확실히 계승되고 있음을 알 수 있다.

케밥은 불에 구워 먹는 고기음식으로 알려져 있다. 원래 '케밥'이라는 말 자체는 구운 고기나 삶은 고기 혹은 고기 경단을 뜻한

다양한 음식문화를 계승한 오스만제국

다. 이것이 발전하고 확장되어 다양한 재료와 형태에 따라 고기를 굽거나 찌거나 물 없이 그릇이나 냄비 속에서 조리한 고기요리 등을 폭넓게 가리키는 말이 되었다. 튀르키예 요리의 무사카^{Moussaka}도 '물을 주다'는 뜻의 아랍어 동사 사카에서 유래했다. 각 요리의 명칭을 살펴보면 어느 언어에서 유래했는지 또 어느 문화의 영향을 받았는지 알 수 있는 단서가 되기도 한다.

─────────── • 술레이만 시대 술탄의 요리 • ───────────

오스만제국에서 최초의 요리책은 18세기 후반에 등장한다. 그 이전까지 궁전의 요리사들은 자신이 만든 요리의 레시피를 기록해두지 않았다. 그 이유는 일단 글을 아는 요리사가 많지 않았으며, 일반적으로 사용되던 아랍문자를 이해하기가 어려웠다는 설과 레시피를 기록하면 다른 요리사도 만들 수 있게 되기 때문에 자신을 보호하기 위해 일부러 남기지 않았다는 설이 있다.

그런 와중에 앞서 소개한 알셰르와니가 오스만어로 번역한 《요리책》에는 원작에 없는 미지의 요리가 약 80종이나 추가되었다. 새롭게 추가된 요리의 상당수가 실제로 궁정에서 만들어졌다는 사실이 다른 자료에서 밝혀졌다. 이 미지의 요리를 통해 16세기 오스만제국에서 술탄을 위한 요리가 어떤 것인지 엿볼 수 있다.

역사가 스테파노스 예라시모스가 저술한 《술탄의 식탁: 15, 16세기 오스만 궁중요리》에는 알셰르와니가 추가한 요리 가운데 40가지가 수록되어 있다. 그중 30개는 육류요리인데 기름 사용 유무로 나눠볼 수 있다. 25가지 요리는 기름이나 지방을 사용했고 나머지 5가지는 사용하지 않았다. 그중에서도 버터만 사용한 요리가 3가지, 버터나 식물성 기름이 들어간 요리가 2가지, 식물성 기름만 사용한 요리가 20가지였다.

당시 궁중에서는 버터, 사데야(버터를 가열하여 수분과 단백질을 제거한 것), 양꼬리 지방과 같은 동물성 기름을 많이 사용했다. 중세 비잔틴제국의 많은 요리에 사용된 올리브유는 오스만 궁정에서 제한적으로 사용되었지만, 종래의 설보다 식물성 기름을 사용한 요리가 많이 수록된 듯하다. 비잔틴제국 시대에는 '빵, 포도주, 올리브유'가 대표적인 3대 영양원이었지만, 오스만제국에서는 올리브유 대신 동물성 기름을 많이 사용했다.

그러나 술레이만 사후인 1593년부터 벌인 새로운 신성로마제국과의 전쟁을 계기로 올리브유를 다시 많이 사용하기 시작했다. 우선 전쟁의 여파로 양고기 값이 치솟았기 때문에 서민들은 주로 채소요리를 먹을 수밖에 없었다. 그래서 부족한 지방을 보충하기 위해 당시 주로 의약품이나 점등용으로 이용했던 올리브유를 음식

다양한 음식문화를 계승한 오스만제국

조리에 사용하기 시작했다. 올리브유가 다시 제자리를 찾기 시작했다고 말할 수 있다.

한편 알셰르와니가 추가한 30가지 육류요리의 또 다른 특징은 그중 20가지 요리에 감미료가 첨가되었다는 것이다. 감미료에는 벌꿀, 설탕 외에 포도즙을 졸여서 걸쭉하게 만든 페크메즈가 사용되었다. 기름을 바른 '달콤한 고기요리'가 술탄을 위한 요리의 한 특징이다.

그 외에도 예라시모스는 오스만 궁중요리의 특징으로 '고기를 꿀과 함께 볶는다', '고기를 포도나 자두 과즙과 함께 끓인다', '사과에 다진고기를 채운다', '과일을 채소처럼 불에 굽는다', '완성된 고기요리에 장미수를 뿌린다' 등을 꼽는다. 어딘지 모르게 아랍의 영향을 받은 중세 유럽 귀족들의 요리와 매우 닮은 느낌이 든다.

─── • 축하연회장부에 기록된 술레이만 1세 궁정의 식탁 • ───

1539년 11월에 술레이만 1세는 아들인 바예지트(1525~1561)와 지한기르(1531~1553)의 할례의식을 치렀다. 바예지트는 술레이만 1세와 휘렘 왕비의 세 번째 아들이고, 지한기르는 네 번째 아들이다.

이 축제가 기록된 축하연회장부를 살펴보면, 준비된 음식 종류

필라프는 마른 쌀을 뜨거운 기름에 절이듯이 볶은 다음 육수을 넣어 졸여낸 쌀 요리다.

와 양, 사용된 식재료가 상세히 기록되어 있다. 연회에 준비된 15
개의 테이블 중 한 테이블은 술탄을 위한 것이고, 나머지는 고위관
료들을 위한 것이었다. 여기에 42종류의 음식이 차례로 나왔는데
고기, 곡물, 콩, 채소, 과일, 향신료가 듬뿍 들어간 수많은 필라프(튀
르크어로 필라우)가 있다. 당시에 쌀로 만든 필라프는 주식에 곁들이
는 훌륭한 요리였다. 많은 세밀화에서 필라프를 둘러싸고 있는 사
람들의 모습이 묘사되어 있다. 말하자면 필라프는 특별한 날 올라
오는 요리였다.

축하연회장의 식탁을 장식한 필라프는 사프란이 들어간 노란 필

라프, 달콤한 페크메즈를 넣고 끓인 빨간 필라프, 시금치를 끓인 채수를 사용한 초록 필라프 등 오색찬란한 색깔이 눈길을 끄는 시각적 효과도 컸다. 그 외에도 닭고기 케밥, 새끼 양고기 케밥, 공작고기 케밥, 오리고기 케밥, 비둘기 케밥, 메추라기 케밥, 양고기 케밥 등 다양한 케밥요리가 제공되었다.

· 금지된 돼지고기와 술 ·

이슬람 음식에 관해 일반적으로 잘 알려진 금기사항은 돼지고기를 먹지 않는 것이다. 현대의 튀르키예인들도 돼지고기를 계율적인 측면, 즉 부정한 음식과 같은 존재로 생각해서 먹지 않는 사람이 대부분이다.

오스만제국에서는 어땠을까? 앞에 등장한 오지에 길랭 드 뷔스베크는 흥미로운 돼지 일화를 기록했다. '많은 아시아인이 돼지를 보러 내 집을 방문한다. 신성한 책에서 먹는 것이 금지된 이 부정한 동물을 보고 싶다면서 말이다. 반면 튀르키예인은 모두 역병에 걸린 사람을 피하듯이 돼지와의 접촉을 피한다'는 내용이다.

고기라고 하면 돼지고기를 일컬을 정도로 돼지고기를 많이 먹었던 비잔틴제국의 식생활(제6장)과 비교하면 오스만제국의 수도에서 돼지고기 음식은 순식간에 사라져버렸다. 돼지를 꺼림칙한 존재로 간주하고 먹지 않는 관습은 고대 메소포타미아의 《함무라비 법전》 (제1장)에 돼지가 딱 한 번 등장하는 것으로도 유추해볼 수 있다. 이슬람의 계율이 등장하기 한참 전인 고대 아라비아반도의 바빌로니아인들도 돼지를 좋아하지 않았다는 점이 흥미롭다.

이슬람의 율법이 정해진 이후 표면적으로 음주도 전면 금지되었지만, 사실 이슬람 지배층 사이에서는 포도주를 마시는 전통이 내려오고 있었다. 술탄들의 음주습관에는 상당히 편차가 있는데, 유명한 술고래도 있고 전혀 술을 마시지 못하는 사람도 있었던 듯하다. 사냥이 끝나고 열리는 연회나 사적인 사교모임에는 음식과 함께 술이 있었기 때문에 술탄들은 많든 적든 대부분 포도주와 같은 술을 마셨을 것으로 보인다.

술레이만 1세도 재위 초반에는 대재상인 이브라힘 파샤와 함께 정원에서 포도주를 마셨는데, 말년에는 술을 마시지 않았다고 한다.

─────── • 대재상 이브라힘 파샤의 잔치 • ───────

1524년에 대상 파샤의 결혼을 축하하는 축제가 2주에 걸쳐 성대하게 열렸다. 연대기 작가이자 오스만의 역사가 이브라힘 페체

비의 기록에 따르면, 술레이만 1세는 별도의 테이블에서 식사를 하고 대제의 시종이 시중을 들었다고 한다. 사실 메흐메트 2세 때부터 술탄은 혼자서 식사를 했는데, 이에 관한 칙령도 내려졌다고 한다.

술레이만 재위 시절에 외국 사절단이 톱카피 궁전을 방문해 궁중요리를 함께 먹었다는 기록도 남아있다. 오스트리아의 황태자 페르디난트의 대사인 코르넬리우스 드 세페르는 '오이피클, 장미 잼'이 나온 뒤 작은 냅킨을 한 장씩, 2인분의 나이프를 하나씩, 그리고 나무 숟가락을 하나씩 주었다고 기록했다. 이브라힘 파샤가 '튀르크예인은 나무 숟가락만 사용한다'고 알려주었다는 희귀한 증언도 기록했다. 그 후 '조각낸 차가운 닭요리', '각종 새고기가 가득 담긴 접시에 수북한 영계 요리', 그리고 '석류즙으로 끓인 레몬을 넣은 필라프', '설탕을 넣은 요리' 등을 세세하게 기록했다.

1544년 8월에 프랑스 대사와 동행한 앙티에의 사제 제롬 모랑의 증언에서도 아름다운 나무 숟가락이 등장하고, '10리터는 들어갈 것 같은 커다란 유리 용기에 설탕과 서양배 등의 과일을 섞은 화채'에 이어서 '갓 지은 황미 필라프와 백미 필라프', '닭고기와 이르믹(밀가루 일종)', '설탕과자', '닭고기 소테(볶음)', '메추라기와 자고새 소테', 마지막으로 '설탕에 버무린 견과류' 등 다양한 음식을 기록했다. 또 모랑 사제는 술 대신 향료와 달콤한 시럽이 들어간 차가운 셔벗이 준비되어 있었다고 말했다.

· 고유한 음식문화를 만들어내다 ·

16세기 술레이만 시대의 요리는 오늘날의 튀르키예 요리나 18세기 오스만 궁정요리와 비교했을 때 과도기적인 요리라고 할 수 있다. 중앙아시아에서 아나톨리아를 거쳐 이스탄불에 다다른 오스만 제국은 유목, 이슬람, 비잔틴의 음식문화를 복합적으로 흡수해서 고유한 음식문화를 만들어냈다.

다양한 음식문화를 융합해서 구축한 오스만제국의 궁중요리는 비잔틴제국의 특징인 올리브유 사용을 줄이고, 동물성 유지와 감미료를 넣고 푹 끓인 요리를 만들어냈다. 자유자재로 다룰 줄 아는 유제품, 아라비아와 페르시아에서 계승한 고기요리, 비잔틴제국에서 먹었던 해산물 등을 재료로 한 16세기 오스만제국의 요리는 다양한 요리책이나 외교문서, 출납부, 외국인의 기록 등에서 찾아볼 수 있다.

CHAPTER 12

프랑스 식문화를 이끈 이탈리아 여인

카트린 드 메디시스
Catherine de Médicis

Catherine de Médicis

어떠한 부인이 이토록

수학적 소양을 가질 수 있을까?

어떠한 아가씨가 이토록

거대한 세계의 그림을

자연계의 여러 길을

천상계의 음악을

이해할 수 있을까?

장 오리외, 《카트린 드 메디시스》

1519년 4월 13일 피렌체 메디치 궁전에서 한 여자아이가 태어났다. 그녀의 이름은 카테리나 디 로렌초 데 메디치(1519~1589)다. 아버지는 우르비노 공작 로렌초 2세(로렌초 데 메디치의 손자), 어머니는 오베르뉴 백작 장 3세의 딸 마들렌이다. 하지만 카테리나는 세상에 태어나자마자 어머니가 사망하고 곧이어 아버지도 사망하는 비극을 맞으며 고아가 된다.

1533년에 메디치가문 출신의 로마교황 클레멘스 7세(1523~1534년 재위)의 노력으로 카테리나는 프랑스 왕인 프랑수아 1세의 차남 오를레앙 공작 앙리 드 발루아(훗날 앙리 2세, 1547~1559년 재위)와 결혼했다. 이에 따라 카테리나는 프랑스 이름인 카트린 드 메디시스가 되었다.

이 결혼의 배경에는 신성로마황제 카를 5세(제10장, 제11장)에 대한 대항책으로서 메디치가와 결속관계를 강화하고 싶은 프랑수아 1세의 의도와 메디치가의 체제를 굳건히 하기 위해 프랑스 왕국과 신성로마제국 쌍방 모두와 연결고리를 갖고자 하는 클레멘스 7세의 계산이 있었다.

1547년에 남편 앙리가 프랑스 왕으로 즉위한 후 카트린은 왕비가 되어 종종 섭정을 맡기도 했다. 그러다 1559년에 앙리 2세가 마상 창 시합(갑옷을 입은 기사들이 창을 들고 말을 탄 채 싸우는 시합)에서 사고로 사망하자, 장남인 왕태자가 15세에 왕위에 올랐다(프랑수아 2세). 카트린이 왕모로서 정치에 관여했는데, 프랑수아 2세는 이듬해인 1560년에 중이염이 화근이 되어 사망했다.

이어 셋째 왕자인 샤를이 10살이라는 어린 나이에 샤를 9세로 즉위하고, 카트린은 본격적인 섭정에 나서 정치에 관여했다. 1574년에 샤를 9세가 또 사망하고, 넷째 아들인 앙리가 왕위에 올랐다

카트린의 자녀들

	이름	출생	사망	사건
1	프랑수아 2세	1544년 1월 19일	1560년 12월 5일	스코틀랜드 여왕 메리와 결혼
2	엘리자베트	1545년 4월 2일	1568년 10월 3일	스페인 왕 펠리페 2세와 결혼
3	클로드	1547년 11월 12일	1575년 2월 21일	로렌 공작 샤를 3세와 결혼
4	오를레앙 공작 루이	1549년 2월 3일	1550년 10월 24일	요절
5	샤를 9세	1550년 6월 27일	1574년 5월 30일	엘리자베트 도트리슈(오스트리아 합스부르크가의 신성 로마제국 막시밀리안 2세와 황후 마리아의 딸)와 결혼
6	앙리 3세	1551년 9월 19일	1589년 8월 2일	로렌의 루이즈와 결혼
7	마르그리트	1553년 5월 14일	1615년 3월 27일	위그노와 가톨릭의 유화정책으로 1572년에 나바라 왕 엔리케 3세(훗날 부르봉 왕조 초대 프랑스 왕 앙리 4세)와 결혼, 이후 이혼
8	앙주 공작 프랑수아	1555년 3월 18일	1584년 6월 10일	성장한 남자 형제 중 유일하게 왕위에 오르지 못함
9	빅투아르	1556년 6월 24일	1556년 8월 17일	잔과 쌍둥이로 요절
10	잔	1556년 6월 24일	1556년 6월 24일	빅투아르와 쌍둥이로 태내에서 사망

(앙리 3세). 당시 프랑스는 구교파와 신교파가 치열하게 대립하는 내란의 시대였다. 카트린은 앙리 3세와 함께 난국을 타개하려 했지만, 앙리 3세가 구교동맹*의 프랑수아 드 기즈 공작을 암살하는 폭거를 저지르고 말았다. 이후 카트린은 아들의 어리석은 행동을 탄식하면서 1589년 1월 5일에 사망했다.

왕모의 자리에서 섭정을 시작해 이후 국왕의 오른팔이 되어 30년간 프랑스 정치를 이끌며 종교전쟁의 혼란 속에서 국가를 지탱한 여걸의 고독한 최후다. 카트린이 사망한 지 약 7개월 후인 1589년 8월 2일에 앙리 3세가 암살당했고, 이 죽음으로 발루아 왕조 시대는 막을 내렸다. 이후 부르봉 왕조라는 새로운 시대가 열리게 되었다.

─────── • 이탈리아와 프랑스의 교류 • ───────

피렌체에서 시작된 르네상스 문화는 카트린이 프랑스에 전승(傳承)했다는 이야기가 널리 퍼져있다. 이를테면 이탈리아에서 프랑스로

● 16세기 후반 프랑스 종교전쟁 말기에 결성된 동맹으로 이단 박멸을 주장하는 정통파 가톨릭이 주도했다.

음식문화가 전해지고부터 프랑스의 음식문화가 발전했는데, 그 계기를 만든 사람이 카트린이라는 것이다. 하지만 사실은 그렇게 단순하지 않다.

카트린은 14살 때 많은 수행원을 데리고 프랑스로 건너갔다. 그 수행원들 중에는 요리사, 제빵사, 디저트 장인들이 포함되었고, 그 때 파슬리, 아티초크, 양상추 등의 식재료와 포크나 도자기 접시 등 이탈리아의 식품과 문화가 프랑스에 유입된 것은 사실이다. 만약 이를 계기로 단번에 프랑스 궁정의 예법이나 식탁에 변화가 일어나고, 미각혁명이 일어나서 프랑스 궁정요리가 이탈리아식 혹은 피렌체식으로 향신료 사용을 억제한 요리로 변모했다고 한다면, 프랑스 음식문화의 발전은 모두 카트린 덕분이라고 말해도 과언이 아니다.

하지만 실제 중세시대 유럽 국가들 사이에는 요리 기술과 음식의 교류가 활발하게 이루어졌고, 궁정에서는 공통된 요리 기술과 레시피가 있었다. 이탈리아와 프랑스 사이에는 13세기부터 요리에 대한 아이디어와 지식의 교류도 활발하게 이루어졌다. 그 예로 나폴리의 요리책에는 '프랑스의 방법을 따랐다'는 고기요리나 갈리아(로마제국의 프랑스 지역)풍의 완두콩수프가 실려있으며, 프랑스의 요리책에는 롬바르디아(이탈리아 북서부에 있는 내륙 지역)풍 소테와 파이, 포타주 등에 대한 내용을 찾아 볼 수 있다. 따라서 카트린이 시집은 1530년대부터 프랑스 요리가 이탈리아의 특징을 받아들여 단숨에 변모한 것이 아니다.

16세기 당시 프랑스에서 출판된 요리책은 여전히 중세의 위대한 요리사 기욤 티렐Guillaume Tirel(일명 타유방, 1310년경~1395)의 《비앙디에 Le Viandier》(1392년 이전에 간행) 증보판이 중심이었다. 이탈리아에서 받은 영향으로는 플라티나가 쓴《참된 즐거움과 건강에 대하여》(제9장)가 프랑스어판으로 출간된 것을 들 수 있다.

앞에서 서술한 대로 플라티나 요리책의 특징은 재료 본연의 맛을 살린 단순한 요리법이라는 점이며, 향신료를 약의 대용품으로 여기고 약의 효과를 기대한다면 소량으로 충분하다고 생각했다.

그런데 16세기 프랑스인의 취향은 당시에《비앙디에》의 재판매가 가장 많았던 사실에서 알 수 있듯이, 지난 세기부터 많이 사용되던 향신료와 신맛을 선호했다. 양념과 조리법은 중세부터 이어져 내려온 전통을 그대로 따르고 있었다고 말해도 될 것이다. 또한, 프랑스에서 플라티나 책에 대한 흥미나 관심은 이탈리아와는 다르게 건강과 식생활의 관계성에 국한되어 있었다.

그렇다면 16세기 프랑스의 음식문화는 어떻게 발전했을까? 프랑스 지식층을 중심으로 영양학에 대한 관심이 높아지고 식사가 궁중의식의 하나라는 인식이 생기면서 까다로운 식사 예절이나 에티켓이 고안되고 엄격하게 지켜졌다는 점을 가장 큰 원인으로 들 수 있다.

《비앙디에》증보판과《참된 즐거움과 건강에 대하여》외에도 16세기 프랑스에서 출판된 요리책은 여러 권 있었다. 1536년에 요리사 몇 명이 출판업자 피에르 세르장을 위해 저술한《요리를 만드는 방법에 관한 소론》이 간행되었다. 세르장은 이 책에 200개 이상의 레시피를 추가해서 1538년에《아주 편리하고 유익한 요리책》이라는 이름으로 다시 출판했다. 이 책은 중세시대에 쉽게 볼 수 없는 레시피를 모아놓은 야심작이었다.

이어서 1545년에 작자 미상의《모든 잼, 콩포트, 약초를 넣은 포도주, 뮈스카데 및 그 외의 음료》라는 책이 간행되었다. 이 책에는 콩피튀르(과일을 설탕에 조려 만든 잼)에 관한 내용이 담겼다. 그리고 의사이자 점성술사인 미셸 노스트라다무스^{Michel de Nostredame}(1503~1566)가 1555년에 통칭《화장품과 잼에 관한 논문》이라는 2부로 구성된 책을 출간했다. 1부는 아름다움과 건강에 관한 논고이며, 2부는 벌꿀, 설탕, 머스트(포도과즙을 바짝 조린 것)를 넣은 잼과 시럽이나 설탕에 절인 과일 등의 레시피를 정리한 책이다. 이는 노스트라다무스기 의사이자 점성술사로서 다양한 기술을 실천하며 습득한 건강에 도움이 되는 처방들을 제시하고 있으며, 미식의 지식을 얻고자 하는 모든 사람을 위해 쓴 책이다.

또 요리책은 아니지만, 작가이자 의사인 프랑수아 라블레[François Rabelais](1483~1553)가 1552년에 저술한 《팡타그뤼엘 제4서》에는 식사와 관련한 묘사 및 당시의 식재료와 재료명이 곳곳에 등장한다. 일례를 들자면, 생강가루를 뿌린 송아지 등심구이, 양파소스를 넣은 돼지등갈비, 앙두유(돼지나 송아지의 내장으로 만든 소시지) 등이 작품 속 음식 목록에 나열되어 있다. 이는 당시의 프랑스 요리들을 알 수 있는 귀중한 자료로서 의미가 있다.

─────── • 카트린이 프랑스 음식문화에 미친 영향 • ───────

카트린은 궁정에서 연회를 열며 식사에 대한 사고방식을 변화시켰고, 식사예절의 준수와 '코라시옹'이라는 식사양식을 보급했다는 측면에서 프랑스 음식문화에 기여한 바가 크다. '코라시옹'은 식후에 제공되는 가벼운 음식을 말하며 주로 마지팬, 달콤한 과자, 과일, 설탕에 절인 과일, 차가운 파테[pâté] 등 대부분 차갑고 달콤한 음식이 제공되었다. 코라시옹은 정식 식사와는 구별되며 조리실에 인접한 디저트를 만들기 위한 별도의 장소에서 준비되었다.

또한, 카트린은 연극이나 음악 등 여흥을 곁들인 연회를 기획하고 실행해서 호평을 받았다. 갈수록 코라시옹에 걸맞은 달콤한 과자의 품질도 높아졌고, 당시 식품 보존이나 제과에 사용되던 설탕이 대량으로 생산됨에 따라 프랑스에서 설탕을 다루는 기술도 발전해나갔다. 설탕의 정제에 대해서 노스트라다무스의 《화장품과 잼에 관한 논문》에 실린 내용을 인용하면 다음과 같다.

> 설탕 정제법: 저장하는 동안 거무스름해지고 지저분해진 설탕을 정제하여 이미 언급한 재료뿐만 아니라 모든 재료에 사용할 수 있다. (중략) 물에 넣은 계란 흰자를 쉬지 않고 저어서 하얗게 거품을 낸다. 단단한 거품이 되면 주걱으로 떠내서 설탕물이 담긴 냄비에 넣고 서서히 끓인다. 끓어오르면서 설탕의 불순물이 바닥에서 떠오르면 계란 흰자 거품을 더 넣는다.
>
> 크누트 뵈져, 《노스트라다무스》 중에서

1571년 3월 30일, 파리의 고위관료들이 프랑스 왕실을 위해 주최한 연회가 있었다. 카트린의 아들인 샤를 9세와 전년에 갓 결혼한 엘리자베스 도트리슈(1554~1592, 신성로마제국의 황제 막시밀리안 2세의 딸)를 위해 열린 연회로, 주빈인 국왕 부부, 카트린, 신하들이 참석했다.

향연에는 민물고기와 바닷물고기 등 제철 해산물로 만든 하나같이 진귀한 음식들이 성대하게 차려졌다. 해산물 요리가 많은 이유는 그날이 금육재를 지키는 날이었기 때문이다. 각 요리는 트럼펫 소리와 함께 옮겨졌고 여러 차례에 걸쳐 많은 접시에 나눠 제공하는 프랑스식 서비스도 빈틈없이 준비되었다. 희귀하고 다양한 요리와 훌륭한 포도주는 물론이거니와 초대받은 손님들에게 세심한 배려가 담긴 음식 제공에 찬사가 쏟아졌다고 한다.

저녁 식사 후에는 무도회가 열렸고, 그 후에 코라시옹이 제공되었다. 여기에는 설탕물이 있는 것과 없는 것 두 가지 종류의 과일 설탕절임, 드라제(설탕을 입힌 과자), 마지팬, 달콤한 비스킷, 코티냑(마르멜루 젤리), 세계 각지에서 들여온 과일, 고기나 생선 모양으로 만든 설탕 페이스트가 즐비했다. 설탕을 다루는 기술혁신의 결정체라고 할 수 있다.

• 카트린이 좋아한 아티초크 •

장년기 카트린의 모습은 강인하고 에너지가 가득했다. 한 베네치아 대사가 본 그녀의 인상은 걸으면서 혹은 식사를 하면서도 항상 누군가와 일에 관한 이야기를 하고 있었다고 한다. 카트린의 식욕은 매우 왕성했는데, 과식으로 인한 소화불량이 훗날 카트린을 괴롭히는 원인이 되기도 했다.

프랑스 식문화를 이끈 이탈리아 여인

카트린이 결혼할 때 프랑스에 가지고 온 아티초크^{artichoke}는 이탈리아에서는 카르초피^{carciofi}라고 불렸고, 15세기에 이탈리아에서 재배에 성공한 작물이다. 15세기 말 나폴리 요리책에 실린 이후 이탈리아인들은 아티초크의 존재를 알게 되었고 새로운 채소로 먹기 시작했다.

당시 이탈리아의 레시피를 통해 아티초크를 맛있게 먹는 방법을 소개하겠다. 16세기 교황 비오 5세(1566~1572년 재위)의 요리장을 맡은 바르톨로메오 스카피^{Bartolomeo Scappi}(1500~1577)가 저술한 요리책《요리서^{Opera dell'arte del cucinare}》에 아티초크 파이 레시피가 실려있다.

아티초크는 고대 이집트에서 사용했단 기록이 있을 정도로 오랫동안 재배된 식물 중 하나로, 겹겹이 싸인 잎이 특징이다.

아티초크 하트의 크로스타타(과일이 들어간 타르트) 또는 파이 만드는 법: 제철에 나는 아티초크를 구해서 육즙이나 소금물에 삶아 조리한다. 아티초크 하트(아티초크의 식용부위)를 잘 씻고 큰 것은 잘라서 양송이버섯요리와 비슷하게 크로스타타 파이를 만든다. 같은 방법으로 카르둔(엉컹퀴를 닮은 식물)의 줄기를 삶아 잘라서 만들 수도 있다.

아티초크 하트 부분을 꺼내 파이에 넣어 먹는 요리다. 위에서 언급한 양송이버섯요리의 레시피를 보면 세 장의 페이스트리를 준비해서 모차렐라 치즈, 파르메산 치즈, 민트, 설탕, 후추, 정향, 계피, 육두구에 베르주(와인)와 오렌지과즙을 첨가한다. 자른 아티초크 하트에 치즈와 향신료에 과즙소스를 넣는다는 일반 레시피에서는 잘 보지 못한 파이의 내용물이다. 반죽을 두 장 깔고 내용물을 채운 후 위에 파이 시트를 겹쳐서 파이를 만들면 완성이다.

이 파이요리를 만들며 프랑스 궁정에서 파란만장한 삶을 살았던 카트린 왕비를 다시금 생각해보면 좋겠다.

•
프랑스 식문화를 이끈 이탈리아 여인

CHAPTER 13

세련된 식사예절과 상반된 식습관

루이 14세

Louis XIV

Louis XIV

루이 14세는 매사에 현란함, 호화로움, 낭비를 사랑했다. 그는 그런 취향을 정치적 좌우명으로 발전시켜 궁정의 모든 면에 적용시켰다. 음식, 의복, 수행원, 건축, 기분전환 삼아 하는 것마저도 사치스러운 취향을 추구했다. 그리고 그것들을 화제로 사람들과 이야기를 했다. 내심으로는 그런 식으로 사람들이 사치를 명예로운 것으로 여기고 일부는 필수적인 것으로 여기며 모두를 탕진시키려고 했고, 또 성공하기도 했다. 이렇게 조금씩 모두가 생계를 유지하기 위해서는 그의 은혜에 전적으로 의존해야 하는 상황으로 만들려고 했다. 루이 14세는 모든 면에서 호화로운 궁정을 통해, 또 자연스러운 사회적 구별(옛날부터 당연하게 여긴 신분상의 구별)을 점점 없애버리는 혼란 상태를 만들며 자기 자존심을 충족시켰다.

생시몽, 《루이 14세와 베르사유 궁정》 중에서

1638년, 부르봉가의 프랑스 왕 루이 13세와 왕비 안 도트리슈 사이에서 왕자 루이가 태어났다. 그가 훗날 프랑스 국왕이 되는 루이 14세(1643~1715년 재위)다. 루이 14세의 시대는 위기의 시대라고도 불린다. 그 무렵 프랑스는 한창 합스부르크 가문과 전쟁 중이었고, 커져가는 전쟁으로 피해는 기하급수적으로 늘어났다. 전쟁비용 증대에 따른 과도한 증세 때문에 국민 전체가 피폐한 상태였다.

1642년에 수석국무대신인 리슐리외 추기경(1585~1642)이 사망하고, 1643년에 루이 13세도 41세의 젊은 나이로 사망했다. 이에 황태자 루이가 4살 8개월의 어린 나이로 왕위에 올랐다. 어머니인 안 도트리슈가 섭정을 맡고, 국무회의주석으로 지명된 쥘 마자랭 추기경(1602~1661)이 어린 왕을 도와 국정을 운영했다. 1653년에 프롱드의 난•이 마무리되고, 1659년에 피레네 조약을 체결하며 프랑스와 스페인과의 오랜 전쟁이 끝이 났다.

1661년에 마자랭이 사망하자, 22세가 된 루이 14세는 중신들에게 자신이 직접 통치하겠다고 선언하고 친정체제를 정비하기 시작했다. 그는 왕권의 절대화, 식민지 개발, 산업 발전에 힘썼고 1667년부터는 대외전쟁을 벌여나갔다. 루이 14세는 죽음을 맞이하는

● 부르봉 왕조에 대한 귀족세력의 반항에 의해 일어난 내란으로 최후의 귀족 저항 혹은 최초의 시민 혁명 시도라고 불린다.

204
•
세련된 식사예절과 상반된 식습관

1715년까지 무려 54년 동안 프랑스를 통치했다. 자긍심이 강했던 그는 가문장식에 사용한 태양을 자신의 상징으로 삼았고, 1662년에 열린 축제에서는 태양신 아폴론을 본떠 디자인한 의상을 입고 무도회에 참석했다. 사람들은 생명력이 넘치는 찬란한 빛을 형상화한 의상을 입은 왕을 '태양왕'이라고 부르며 칭송했다.

같은 해, 베르사유 궁전 건설에도 착수했다. 파리에서 남서쪽으로 약 20킬로미터 떨어진 베르사유는 부왕 루이 13세의 사냥터였기 때문에 루이 14세에게도 추억의 장소다. 궁전 건설을 위해 토지를 조성하고 나무를 심고, 왕이 꿈꾸는 이상적인 아름다움을 추구하기 위해 당시 건축기술을 총동원하여 지형과 수위를 대담하게 개조해서 20년 만에 완공한다. 1682년 5월, 그는 마침내 그렇게 염원하던 베르사유궁으로 옮겨갔다.

루이 14세는 음악을 좋아해서 클라브생(건반이 있는 발현악기로 이탈리아어로는 클라비 쳄발로)과 기타를 연주하며 노래도 불렀다. 문학과 예술계에 지원을 아끼지 않았는데, 몰리에르(1622~1673)와 장 라신(1639~1699)과 같은 작가들에게 존경을 표하며 충분한 연금을 지급하고 창작활동을 장려하기도 했다. 음악가들에게도 마찬가지였는데, 당시 이탈리아인이었던 장바티스트 륄리(1632~1687)의 재능을 간파하고 궁정악단에서 음악활동을 하도록 후원했다. 왕립과학 아카데미도 창설해서 과학자들을 보호하며 신기술 개발을 독려했다.

이러한 활동은 왕실의 재력과 도량을 보여주는 동시에 중앙집권화를 위한 수단 중 하나로 활용했다.

프랑스의 경제정책은 루이 14세의 절대왕정을 뒷받침한 재무총감 콜베르(1619~1683)가 주도했다. 국내의 산업을 장려하는 정책을 펼쳐 '왕실공장'이라 불린 국영기업에서는 모든 가구와 공예품 등을 생산했으며, '왕국공장'이라 불린 민영기업은 국가로부터 보조금 지원, 세금 면제, 독점 허가 등의 우대를 받았다. 외국과의 교역에서는 불이익을 당하지 않도록 식민지사업을 장려했고, 카리브해에 있는 앤틸리스제도에서 세네갈의 흑인노예들을 이용해 사탕수수를 재배했다.

루이 14세의 중요한 정책 중 하나는 1685년에 발표한 낭트칙령의 폐지다. 이는 개신교도에게 신앙의 자유를 빼앗는 가혹한 내용이었기 때문에 상공업자를 중심으로 한 개신교도 대부분이 프랑스를 떠나게 되었다. 이 정책은 결과적으로 프랑스 산업 발전의 저해요인이 되었고, 프랑스 개신교 망명자들을 받아들인 나라들은 그 덕분에 국력이 증대하고 번영하게 되었다. 혜택을 누린 대표적인 국가는 네덜란드, 작센, 오스트리아, 프로이센이다.

루이 14세가 통치하는 동안 프랑스의 외교정책은 무력행사, 즉 전쟁으로 대변된다. 특히 대립관계였던 합스부르크가의 약화를 노리고 오스만제국과도 교섭을 추진했다. 그 외에도 수많은 침략전쟁을 벌여 프랑스의 영토를 라인강 유역까지 확대시켰다.

하지만 프랑스 왕국의 재정은 갈수록 곤궁해졌고 식량위기까지
겹치면서 기아와 전염병으로 많은 사람들이 고통받았다. 루이 14
세 시대의 프랑스에는 베르사유의 화려함과 이와 동떨어진 현실의
간극이 있었다.

1715년 9월 1일, 루이 14세는 77세의 나이로 생을 마감했다. 그
는 죽음 직전에 "짐은 죽어도 국가는 영원하리라"는 말을 남겼다
고 한다. 19세기 역사가 피에르에두아르 레몽테를 통해 널리 알려
진 이 말은 젊은 시절 왕이 의회에 대한 우위를 선언하고자 한 발
언으로 출처가 명확하지는 않다. 하지만 어쩌면 거대한 스케일로
자신을 뛰어넘어 국가의 미래를 생각했던 것은 아닌지 모르겠다.
실제 절대군주의 상징인 루이 14세 시대에 프랑스 산업은 발전했
고, 군대도 강력해졌으며, 문화예술도 크게 발전한 건 사실이니 말
이다. 17세기 후반 프랑스는 분명히 루이 14세와 함께 존재하고 있
었다.

• 프랑스식 코스요리를 확립하다 •

17세기의 프랑스는 중세요리에서 벗어난 새로운 요리 스타일을 만

들어갔다. 부르봉 왕조는 파리의 살롱문화와 계몽사상을 해외에 알리는 문화정책을 추진하며 요리 역시 국가차원의 정책으로 인식했다. 중세의 귀족들이 개인의 부와 권위를 과시하기 위해 요리를 사용했던 점과 비교하면, 어마어마한 규모에 놀라지 않을 수 없다. 루이 14세 시대에는 궁중요리에 대한 관심이 높아지고, 17세기 후반 이후 호화로운 축하연 속에서 그랑 퀴진(고급요리)이 자리를 잡게 된다.

1682년에 베르사유로 궁전을 옮긴 루이 14세는 매일같이 만찬회를 열었다. 당시의 코스요리는 포타주(수프), 앙트레(고기, 해산물요리), 로(구운 고기요리), 앙트르메(야채요리), 디저트로 구성되었다. 중세의 코스요리에 비해 분류와 가짓수는 늘어났지만, 각 접시마다 담긴 요리의 양은 줄었다. 많은 접시에 소량의 요리를 담아낸 오늘날의 프랑스 요리 이미지에 한층 가까워졌다.

17세기에 접어들면서 요리를 제공하는 서비스 방법이 정리되고 통일되어 '프랑스식 서비스(제12장)'가 자리를 잡아갔다. 세 차례에서 여섯 차례 정도 음식을 서비스한 중세에 비해 17세기의 프랑스에서는 세 차례로 나누어 서비스했다. 첫 번째 서비스는 고기나 생선을 푹 끓여 만든 포타주를 중심으로 한 요리, 두 번째 서비스는 구운 고기요리를 중심으로 구성되었으며, 세 번째 서비스는 과일 설탕절임이나 과일 등으로 구성되었다.

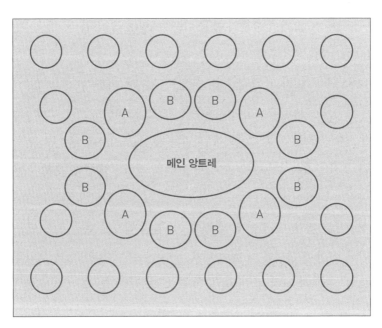

프랑스식 서비스의 그릇 배치도 일례

A - 오르되브르(애피타이저)
B - 포타주와 앙트레
빈접시 - 각자의 접시

각 서비스에는 같은 수의 접시가 놓이고 접시들도 테이블의 '대칭성'을 의식해서 조화를 이루도록 배치한 것이 특징이다. 프랑스식 서비스는 음식의 맛뿐만 아니라 조화의 '아름다움'까지 추구했다고 할 수 있다.

1651년에 요리사 프랑수아 피에르 드 라 바렌Francois Pierre de la Varenne(생몰년 미상, 17세기)이 저술한《프랑스 요리사Le cuisinier françois》라는 책이 있다. 이 요리책의 레시피는 향신료 사용을 줄이고 고기나 생선 부용(육수)을 기본으로 맛을 내는 방법을 택했다. 특히 오늘날까지 이어진 부케 가르니(허브 묶음)를 이용한 허브와 향미채소나 버섯으로 맛을 낸 점이 눈에 띈다. 또 녹인 라드로 밀을 볶아 만든 반죽, 부용에 고기를 푹 삶아서 색을 더한 쥬jus, 향미채소와 고기를 넣고 끓인 후 걸러내 밀가루로 반죽한 쿨리coulis 등 퐁fond(육수, 영어로는 stock)의 원형이 되는 소스도 등장한다.

이 시대에 등장하는 새로운 식재료에는 푸아그라와 트러플 등이 있다.《프랑스 요리사》에는 푸아그라의 라구(스튜), 석쇠구이, 숯불구이, 쿠르부용(육수의 한 종류)으로 익힌 트러플 등의 요리법이 실려 있다.

반면에 17세기에는 중세·르네상스 시기에 많이 등장한 공작, 백조, 황새, 학 등 몸집이 큰 야생조류가 식재료로서 자취를 감추기 시작했다. 이들은 음식으로서뿐만 아니라 연회를 풍성하게 만드는 시각적인 효과도 있었는데, 점차 이러한 시각적인 효과를 중시하지 않는 추세로 흘러갔다. 향신료의 사용과 신맛도 억제되면서 프랑스인의 미각과 후각의 기호에도 변화가 일어났다.

《프랑스 요리사》는 출판되고 나서 약 100년 동안 프랑스 국내 외를 합쳐 45회나 중쇄한 대히트작이다. 이 책은 중세 이후의 전통에서 벗어나 프랑스 요리를 각광받게 만든 요리책으로서 큰 의미를 지닌다. 이 책을 계기로 프랑스에서는 유례없는 요리책 출판이 붐을 이루었다. 17세기 후반부터 18세기에 걸쳐서 무려 230 권 이상의 책이 등장했다. 그중에서도 프랑수아 마시알로^{Francois} ^{Massialot}(1660~1733)가 쓴《왕실과 부르주아의 요리사^{Le Cuisinier royal et} ^{bourgeois}》는 왕실과 부르주아, 이 두 사회계층의 요리를 기록한 획기 적인 책으로 당시의 부르주아, 즉 일반시민의 소박한 요리도 성대 한 모임에서 만들어지면 궁중요리 수준에 달한다고 기록했다.

이렇게 세련된 궁중요리와 시민들의 비교적 소박한 가정요리까 지 함께 책에 실리는 등 프랑스 사회에서 음식문화는 확실하게 성 장하고 있었다.

────────── · 푸드 파이터 루이 14세 · ──────────

루이 14세는 상당한 대식가였다. 어느 정도였는가 하면 루이 14세 의 동생 오를레앙 공작의 부인인 엘리자베스 샤를로트(1652~1722)

는 다음과 같이 기록했다.

> 그릇에 가득 담긴 수프를 종류를 바꿔가면서 네 접시, 꿩 한 마
> 리, 자고새 한 마리, 큰 접시에 가득 담긴 그린 샐러드, 햄을 크
> 게 자른 것을 이등분해서 쥬와 마늘을 사용한 양고기 요리, 파
> 이류 한 접시, 그 외에도 다양한 과일과 삶은 달걀 여러 개 등
> 등 이러한 것들을 폐하가 죄다 먹어치우는 모습을 저는 자주
> 보았습니다.
>
> 엘리자베스 샤를로트의 편지(1718년 12월 5일) 중에서

오늘날 푸드 파이터도 감탄할 만한 식사량이다. 또 이미 식기나
테이블 매너가 정착했음에도 불구하고 왕은 손으로 집어서 먹는
습관을 버리지 못했다고 하니 공작부인의 놀라움이 생생히 느껴진
다. 이 요리들은 중세 프랑스 요리에서 차츰 벗어나고 있는 모습을
보여준다. 이러한 프랑스 요리의 착실한 발전이 이루어진 저력이
세계 3대 요리(중국 요리는 제4장, 튀르키예 요리는 제11장)의 하나로 손꼽
을 수 있는 한 요인일지도 모르겠다.

여기에서는 루이 14세가 특히 육식을 좋아했으므로 라 바렌이
저술한《프랑스 요리사》에 실린 양고기 요리법을 소개하겠다.

세련된 식사예절과 상반된 식습관

새끼양고기: 지방이 있는 부위는 구워서 빵 속에 넣고 소금과 파슬리를 조금 섞어서 살짝 뿌려서 낸다.

이 요리책의 다른 레시피를 확인해보면 쥬라고 불리는 육즙과 마늘을 사용한 고기요리 레시피를 볼 수 있다.

부용을 넣어 장시간 익히다가 양파와 으깬 마늘을 넣어 낸다.

소의 살코기를 사용한 요리 레시피에 담긴 내용이다. 향신료를 대량으로 사용하여 신맛이 강한 중세의 소스로부터 부용을 기본으로 맛을 내고 거기에 은은한 향이 나는 허브를 첨가한 근대적인 요리로 진화했음을 알 수 있다. 양고기 요리는 소금과 허브라는 간단한 재료로 맛을 냈으며, 소고기 요리는 부용을 기본으로 해서 육즙의 깊은 맛을 살리고 양파와 마늘을 사용해 양념했다.

루이 14세의 주치의였던 기크레상 파공(1638~1717)도 왕이 어떤 요리를 먹었는지 증언했다. 파공은 왕에게 과일을 많이 섭취하도록 진언했지만, 루이 14세는 단 음식과 샐러드를 좋아해서 잘 받아들여지지 않았다고 한다. 또한, 점심과 저녁 식사에 포타주를 여러 차례 먹는 것이 습관이었는데, 쥬가 꽤 진했다고 한다. 당시 루이 14세에게 제공된 요리에는 모두 일반적인 수준보다 2배 이상의 향신료가 들어갔다고 하는데, 루이 14세는 파공의 충고와 거리가 먼 요리를 좋아했던 모양이다.

———— · 커피와 우유의 만남 · ————

프랑스에서 커피가 퍼지게 된 계기에는 여러 설이 있다. 하나는 오스만 사절인 솔리만 아가가 1년간 프랑스에 체류했을 때 튀르키예 스타일의 커피가 파리에 소개되었다는 설이다. 파리의 귀족들이 솔리만 아가가 머물던 곳에 연일 방문해서 커피를 마셨고, 이후 그 귀족들이 손님 접대에 커피를 제공하면서 퍼져나갔다는 설이다. 솔리만 아가가 귀국한 후에도 커피의 보급은 급속하게 진행되었다.

이외에도 마르세유의 커피하우스에서 파리로 전파했다는 설 등 여러 가지가 있다. 하지만 1660년대 프랑스에서 커피를 맛본 사람은 상류층 일부에 지나지 않았다. 1666년 12월 2일에 간행된 〈궁정의 뮤즈La Muse de la Court〉라는 신문에는 커피 애호가가 된 한 시인이 다음과 같이 '커피에 대한 찬사'를 표현했다.

세련된 식사예절과 상반된 식습관

⟨**카베** kavé**의 미덕**⟩

아라비아의 음료

혹은 튀르키예 분위기를 내고 싶다면

레반트에서는 누구나 마신다

아프리카에서도, 아시아에서도

커피는 이탈리아를 돌아다니다

네덜란드와 영국인들이 있는 곳까지 휩쓸었다

효능을 알고 있는 사람들이

그리고 이 도시 파리의 아르메니아인이

프랑스인들에게도 커피를 가져왔다

아드리앙 페르두 드 수불리니의 시에서

프랑스에 커피가 막 들어왔을 때에는 인간의 심신에 좋지 않을 것이라는 풍설이 있었다. 독성이 있다는 말도 있고, 이슬람권에서 마시는 것도 그렇고, 색도 검은색이라서 마시고 싶은 욕구는 있지만 망설이게 만드는 부분이 있었다.

그런데 풍요와 순결의 상징으로 일컬어진 우유를 커피에 넣으면 커피의 독성이 중화되고, 이렇게 혼합한 '하얀 커피'를 마신 후 4시간 정도 식사를 하지 않으면 커피가 위에 깊이 스며들어 신체에 매우 좋다고 생각했다. 커피의 독성도 커피우유의 효능도 현대의 과학에서 보자면 우스꽝스럽지만, 당시 사람들은 그런 미신을 굳게 믿었다. 우유나 설탕과 함께 커피를 마시기 시작하면서 커피는 프랑스에서 폭발적으로 확산되었고, 순식간에 모든 계층에서 커피를 마시게 되었다.

인문학자 필립 실베스트르 뒤푸르(1622~1687)는 "커피를 우유와 함께 넣고 살짝 끓이면 응축되고 향기는 쇼콜라(초콜릿)와 같은 향이 나기 때문에 대부분의 사람들이 맛있다고 느낄 것이다" 라고 했고, 프랑스 귀족 세비녜 후작의 부인 마리 드 라부탱샹탈(1626~1696)은 딸에게 보낸 편지에 '우유를 설탕과 맛있는 커피와 섞는 것을 생각했다'고 적었다. 어쩌면 여기에서 카페오레가 시작되었을지도 모르겠다.

루이 14세 시대에 등장한 커피는 당초 '아라비아의 음료'라고 불린 이국적인 정서가 가득한 검은 액체였다. 하지만 슬그머니 우유를 넣어 프랑스인들이 즐겨 마시는 하얀 액체로 바뀌면서 귀족부터 서민에 이르기까지 프랑스인에게 사랑받는 음료가 되었다.

CHAPTER 14

커피 대신 맥주를 마셔라

프리드리히 2세

Frederick II

Frederick II

àsous p àcent sous six = àsouper àSanssouci?

상수시 궁전에서 저녁 식사 할래요?

피터 피터, 《독일 요리의 문화사》 중에서

프랑스어로 쓰인 암호 같은 편지다. 마치 상대에게 이 수수께끼를 풀어서 궁전으로 오라고 말하는 듯하다. 이 편지의 주인공은 그 유명한 프로이센 왕국의 제3대 국왕인 프리드리히 2세(1740~1786년 재위)다. 독일인들은 존경심을 담아 그를 프리드리히 대왕이라고 부른다.

이 편지는 1750년 7월에 왕이 프랑스 철학자 볼테르를 포츠담의 상수시 궁전에 초대하기 위해 쓴 편지다. 왕은 이때 왕태자 시절부터 편지를 주고받았던 볼테르에게 시종의 칭호를 내렸다. 당시 두 사람은 식탁을 사이에 두고 철학담론을 즐기는 유익한 시간을 보냈다.

프리드리히 대왕은 독일어를 모국어로 사용하지만 프랑스 문화에 매료되어 프랑스어도 사용했다. 애초 상수시^{Sanssouci}는 프랑스어로 '근심이 없다'는 뜻으로, 왕명에 따라 1745년부터 1747년까지 불과 2년 만에 세워진 궁전이다.

자, 이제 암호문을 설명하겠다. 수식 'àsous p àcent sous six(P 밑에 à, 6 밑에 100을 두고)'를 프랑스어 발음으로 바꾸면 'àsouper àSanssouci'가 되어 '상수시에서 저녁 식사를 하자'는 의미가 된다.

그런데 프리드리히 대왕은 어떻게 프랑스 문화에 매료되었을까? 그 실마리는 유소년기에 있다.

─────── • 왕태자의 탄생: 프로이센 왕이 되기까지 • ───────

프리드리히 2세는 1712년 1월 24일에 태어났다. 프로이센 군주였던 할아버지로부터 프리드리히라는 이름을 받았다. 아버지인 프리드리히 빌헬름 1세는 1713년에 프로이센 왕위를 물려받았다.

프리드리히 2세는 어린 시절에 프랑스 출신의 가정교사 마르트 드 루쿨르 부인의 보살핌을 받았는데, 프랑스어와 시를 좋아하는 루쿨르 부인의 취향은 대왕의 인격형성에 많은 영향을 끼쳤다. 부왕은 왕태자를 위해 종교교육과 통치에 필요한 교육을 중시하는

커피 대신 맥주를 마셔라

방침을 세우고 군사학을 배우도록 강요했다. 엄격한 스케줄을 소화하는 동안 왕태자는 부왕으로부터 금지당한 프랑스어로 시를 짓거나 플루트 연주에 열중하며 일상의 위안을 삼았다. 장래의 국왕으로서 군사적인 단련을 위한 승마와 사냥에 더 힘쓰기를 바랐던 부왕과 음악과 독서를 좋아하는 왕태자의 생각 차이는 꽤 컸던 것 같다.

1740년 5월 31일에 부왕이 사망하자, 왕태자는 프리드리히 2세로서 프로이센의 군주 자리에 올랐다. 같은 해 12월, 합스부르크령 슐레지엔을 침공해 후에 오스트리아 계승전쟁으로 불리는 제1차 슐레지엔 전쟁을 시작하여 승리한다. 그 후 7년 전쟁(제3차 슐레지엔 전쟁)에서 프로이센은 영국과, 오스트리아는 프랑스·러시아와 동맹을 맺으며 전장은 오스트리아 전역으로 확대되었다. 프리드리히 2세는 강대국 오스트리아의 여제 마리아 테레지아와 세 번이나 상대한 끝에 슐레지엔 영유권을 확보한다. 이후 프로이센은 강대국의 길로 한발 나아갔다.

프리드리히 대왕은 고문을 원칙적으로 폐지하고 출판의 자유, 결혼의 자유, 신앙의 자유 등 계몽주의적인 개혁정책을 펼쳤다. 스스로를 '국가 제일의 공복公僕'이라고 칭하며 계몽사상가였던 볼테르와 교류했다. 1745년에는 포츠담에 상수시 궁전의 건설을 명령하여 2년 만에 로코코 양식(18세기 프랑스에서 유행한 건축 양식)의 건축

물을 완성했다. 대왕의 통치는 계몽의 정신을 수반한 국민과 국가를 위한 봉사였던 것이다. 또한, 그는 어린 시절부터 배운 프랑스어로 시를 짓고 플루트를 연주하는 것을 즐기는 문화적인 군주이기도 했다.

• 감자의 지위 향상 •

감자는 독일의 음식문화만이 아니라 사회 전체를 변화시켰다고 해도 과언이 아니다. 원래는 16세기 아메리카대륙에서 유럽으로 전파된 외래 채소로, 처음에는 관상용이나 약용으로만 이용되었다. 17세기 후반부터 비로소 독일에서 감자재배가 시작되어 관상용에서 식용으로 바뀌게 되었다. 처음에는 팔츠 지방(독일의 라인란트팔츠주의 남부 지방)과 보그트란트 지방(독일의 바이에른주, 작센주, 튀링겐주 및 체코 공화국의 북서 보헤미아에 걸치는 지역)에서 재배되었는데, 독일 전역으로 재배가 확산된 것은 18세기에 들어서부터다.

그렇다면 언제부터 독일의 식탁에 감자가 등장했을까? 작곡가 요한 제바스티안 바흐(1685~1750)는 18세기 전반에 감자를 먹었다고 한다. 이 이야기는 1716년 바흐가 31세 때에 프로이센의 도시 할레에서 있었던 일이다.

1716년 4월 29일부터 3일간 할레의 성모교회에 초청된 바흐는 5월 3일에 고급 숙소에서 열린 호화찬란한 만찬회에 참석했다. 만찬회에서는 총 16가지로 구성된 호사스러운 메뉴가 제공되었다. 서민들은 거의 먹을 수 없었던 소, 양, 송아지고기를 사용한 고급요리였고, 바흐도 평생에 한 번 먹을 수 있을까 말까 한 풀코스요리가 아니었나 싶다. 그런데 이 메뉴에 '감자 한 접시'가 들어있었다. 감자는 17세기에 일부 지역에서만 재배되기 시작했기 때문에 이 시기에 감자 맛을 본 사람은 많지 않았을 것이다.

18세기 후반에 들어서도 감자는 독일인에게 좀처럼 보급되지 않았다. 감자에 독성이 있다는 소문과 땅속의 덩이줄기를 먹는 것에 대한 위화감 때문에 '악마의 뿌리'라고 불리기도 해서 농민들은 감자재배를 주저했다.

이러한 상황을 극적으로 바꾼 사람이 프리드리히 대왕이다. 그는 1758년에 '감자 재배령'을 내려 농민들이 감자에 대해 제대로 이해하고 재배할 수 있도록 관리들에게 명령했다. 그리고 의무적으로 휴경지에 감자를 경작하도록 했다. 프리드리히 대왕은 농민들이 몰래 감자를 파내지 않도록 병사들에게 밭을 경비하게 했는데, 이후 농민들은 엄중히 경비하는 밭을 보고 귀중한 작물이라고 믿고 너도나도 감자를 재배하기 시작했다.

한편 1770년대 초반 잇따른 흉작으로 독일 및 유럽 중부 지역의 곡창지대에서 곡물 생산이 거의 궤멸되다시피 큰 타격을 입었고, 호밀 생산량이 급감했다. 하지만 감자재배를 늘린 지역에서는 기근의 영향을 받지 않아 식량위기에 빠지지 않았다. 이를 계기로 감자의 유효성을 깨달은 사람들이 늘어나면서 많은 지역에서 감자를 재배하기 시작했다.

프리드리히 2세가 사망한 지 2년 후인 1788년에 출판된 루돌프 자카리아스 베커Rudolph Zacharias Becker(1752~1822)의《농민들을 위한 필수 안내서 또는 밀드하임 마을의 기쁨과 슬픔에 대한 이야기Not- und Hilfsbüchlein für Bauerleute, oder lehrreiche Freuden- und Trauergeschichte des Dorfes Mildheim》에는 당시 감자에 대한 지식과 먹는 방법에 대해 적혀있다.

> 감자는 트뤼프(트러플), 대지의 트뤼프, 대지의 복숭아, 땅 위의 복숭아, 지역에 따라서는 포타테 혹은 대지의 사과라고도 불린다. (중략) 감자를 먹을 때는 소금으로 떫은맛을 없애는 것이 좋다. 자우어크라우트(양배추 김치)에도 잘 어울리고 마늘, 순무, 콩류, 볶은 양배추 등 어떤 음식과도 잘 어울린다. 아주 작은 것은 완자처럼 수프에 넣어도 좋다. 죽을 수프처럼 만들어서 감자를 섞어도 좋고, 파이반죽이나 빵에 넣어서 구워 먹어도 좋다.

감자를 먹는 추천방법 중에 감자가루로 빵을 만들어 먹는 방법도 소개되어 있다. 감자가루를 이용한 빵이나 팬케이크 레시피는 19세기 요리책에도 실려있다.

• 유럽의 커피 역사: 커피 금지령 •

유럽에서 커피의 역사를 살펴보자. 1575년에 베네치아에서 처음으로 커피음료가 만들어졌다. 같은 시기에 커피와 초콜릿 그리고 홍차 등 새로운 기호품이 아시아와 남미대륙으로부터 속속 유럽으로 전해졌다. 귀족들은 어떤 미지의 음료에 손을 댈까 망설이는 상황이었다. 커피는 베네치아를 시작으로 1600년대에 네덜란드, 영국, 프랑스와 유럽을 휩쓸고 1665년에 빈까지 전해졌다.

독일에서 커피가 처음 유행한 것은 1670년대라고 한다. 함부르크, 브레멘, 쾰른 그리고 라이프치히에 커피하우스가 열리면서 대도시의 상류계층을 중심으로 커피가 퍼져나갔고, 이후 독일 북부와 작센 지방을 중심으로 '유행하는 음료'가 되었다. 18세기 중반 무렵에는 상류계층뿐만 아니라 시민층과 농촌 지역으로까지 확산되었다. 그 결과 귀족부터 서민, 빈민까지도 마시는 '일상적인 음료'가 되었다.

특히 커피가 크게 유행한 곳은 라이프치히였다. 옛날부터 많은 사람이 오가는 대학도시이자 지식인과 학생이 많은 작센 선제후국의 이 도시에서는 커피하우스에 대한 수요가 많았다. 라이프치히에서 커피하우스는 꾸준히 그 수를 늘려나가 1730년대에는 8곳이나 되었다. 이 무렵 라이프치히에 있던 고트프리트 침머만의 커피하우스에서는 그의 의뢰로 바흐가 작곡한 〈커피 칸타타(BWV211)〉(정식 제목은 '조용히, 떠들지 말아요^{Schweigt stille, plaudert nicht}')가 1734년경에 초연되었다. 당시 사람들이 커피에 대해 얼마나 열광했는지 작품 속에 그 감정이 고스란히 전해진다. 라이프치히는 이렇듯 확고부동한 커피하우스의 도시로 존재감을 높여갔다.

프리드리히 대왕이 통치하던 프로이센에서는 커피가 대도시와 상류층만이 아니라 농촌과 서민들까지 일상적으로 마시는 음료로 자리잡았다. 문제는 커피의 급격한 수요 증가는 수입 증가로 인한 국부의 유출을 의미했다. 오스트리아 왕위 계승전쟁과 7년 전쟁의 영향으로 재정이 어려워진 탓도 있어 결국 프리드리히 대왕은 1777년에 커피 금지령을 내렸다. '커피와 맥주에 대한 선언'은 국부의 유출을 막기 위해 커피의 소비를 제한할 필요가 있다는 내용이었다. 대신 '전장에서 맥주로 몸을 만든 병사들 덕분에 승리했다'는 점을 내세워 맥주를 장려했다. 프로이센 사람들은 예로부터 맥주로 영양소를 공급해왔다. 이후 프로이센에서는 커피 관세를 대폭 올리고 정부에 의한 커피의 로스팅 독점과 허가제를 시작했다.

프리드리히 2세는 국가적 차원에서 커피 금지령을 내렸지만, 사실 그도 커피를 좋아했다. 본인 스스로 '오늘 아침은 겨우 예닐곱 잔······ 그리고 점심 식사 후에는 한 냄비만'이라는 경이적인 커피 소비량을 자랑했다. 젊은 시절에는 하루에 40잔도 마셨다고 한다.

이외에 프리드리히 2세의 기이한 식습관을 들자면 끓인 스파클링 와인(프랑스식으로 샴페인을 사용한 듯하다)으로 커피를 우려내고 풍미를 강화하기 위해 후추와 겨자를 넣어 마셨다고 한다. 필자는 시험 삼아 이 방법으로 커피를 만들어보았다. 그런데 스파클링 와인으로 우려낸 커피의 풍미와 겨자의 맛이 어울리지 않아서 유감스럽지만 프리드리히 2세가 커피를 즐기는 방법에 찬사를 보낼 수 없었다. 프리드리히 2세는 음식도 커피도 많은 양과 강한 맛을 추구했던 듯하다.

──────────── • 프리드리히 대왕이 고안한 요리 • ────────────

그런 프리드리히 대왕이 고안한 요리가 있다는 사실을 의사이자 철학자인 요한 게오르그 치머만(1728~1795)이 증언했다.

오후 2시(1786년 6월 30일), 왕과 식사를 같이 했던 한 신사가 상수시 궁전에서 직접 나를 찾아와 나쁜 소식을 전해주었다. 점심 식사 때 국왕은 그날 아침 나에게 가르쳐준 나쁜 습관을 그대로 따르고 있었다. 늘 그랬듯이 아주 맵고 뜨거운 부용으로 만든 수프를 엄청나게 먹었던 것이다. (중략) 이어서 반은 튀르키예 밀과 반은 파르메산 치즈로 만든 이탈리아 요리를 먹었다. 여기에 마늘즙을 넣고 버터로 구워 매콤한 향신료로 만든 수프를 부어 먹었다. 마리샬 경(백작)이 처음 상수시에 들여온 이 요리는 프리드리히 대왕에 의해 변형되어 폴렌타라고 불리게 되었다.

테오도르 고틀리프 폰 히펠,《치머만 1세와 프리드리히 2세》중에서

콘밀(옥수수 가루)을 죽처럼 끓여 만든 이탈리아 요리를 폴렌타 Polenta라고 한다. 폴렌타는 원래 곡물가루를 물이나 국에 넣고 잘 저어주며 끓여 걸쭉하게 만든 것을 말한다. 하지만 프리드리히 대왕은 튀르키예 밀을 갈아서 만든 가루와 파르메산 치즈에 마늘즙과 버터를 넣고 마지막으로 향신료를 넣어 완성했다.

오늘날 이 요리를 재현한다면, 튀르키예 밀가루는 현재 '불구르 Bulgur'라는 이름으로 유통되고 있으므로 이것을 사용할 것을 제안한다. 원문에는 없지만 본래의 폴렌타에 사용하는 콘밀을 불구르와 섞어서 만드는 것도 좋을 듯하다. 향신료는 신대륙에서 온 선물인 칠리페퍼를 넣어 만드는 방법도 괜찮을 것이다.

•
커피 대신 맥주를 마셔라

CHAPTER 15

추수감사절과 크레올 요리

링컨
Lincoln

Lincoln

감사제를 행하는 취지에 대한 포고

어느덧 올해도 저물어 가는데, 올해는 풍성한 수확물과 맑고 푸른 하늘의 축복이 가득했다. 우리는 이와 같은 은혜를 끊임없이 받다 보니 그 은혜의 근원을 곧잘 잊어버리곤 한다. 그러나 올해는 이 은혜에 새로운 은혜가 더해졌다. (중략) 나는 이러한 일들에 대해 미국 국민 모두가 일제히 엄숙하고 경건하게 진심으로 감사를 드리는 것이 적절하고 합당한 일이라고 생각한다. 이에 나는 미합중국 전역의 어디에 있든지 혹은 바다 위에 있든지 외국에 머무는 우리 모든 동포 시민들에게 오는 11월의 마지막 목요일을 특별히 평일과 구분하여 하늘에 계시는 우리의 은혜로운 아버지께 감사와 찬미를 바치는 날로 지킬 것을 권하는 바이다. 그리고 나는 이러한 신비로운 구원과 축복을 내려주신 신께 마땅히 바쳐야 할 감사의 말씀을 올림과 동시에 우리나라가 범한 과오와 불순종을 겸허히 회개하는 마

음으로 과부, 고아, 슬퍼하는 자, 괴로워하는 자를 신의 자비로
운 보호에 맡길 것을 동포들에게 권한다. 이 사람들은 모두 우
리가 어쩔 수 없이 겪고 있는 이 슬픈 내전의 희생자들이다. 또
전능하신 신의 손길이 국민의 상처를 치유하고 신의 뜻에 합당
하다면 가능한 한 빠르게 국민을 인도하여 평화, 일치, 평온, 화
합을 다시 충분히 누릴 수 있도록 해주시길 간절히 기도하고
구할 것을 권한다. 이상의 증거로 나는 여기에 서명하고, 미합
중국의 국새를 날인한다.

1863년 미합중국 건국 88년 10월 3일 워싱턴에서, 에이브러햄 링컨

제16대 미합중국 대통령 에이브러햄 링컨(1809~1865)은 1809년
2월 12일 켄터키주의 외딴 통나무집에서 태어났다. 인디애나주와
일리노이주에서 성장한 링컨은 개척시대의 변호사가 되었고, 이후
하원의원을 한 차례 역임한 뒤 대통령에 취임했다.

링컨은 미합중국 남북의 통일과 노예해방, 홈스테드법과 태평양
철도법 제정을 통한 서부개척을 촉진하고, 랜드그랜트 대학교를
설립하여 교육기회를 제공하는 등의 업적을 인정받고 있다. 링컨
은 평이한 어휘를 사용하면서도 조리있고 당당한 연설을 하는 것
으로 유명하다.

그중 남북전쟁의 전사자 묘지봉헌식에서 연설한, 이른바 '게티

추수감사절과 크레올 요리

즈버그연설'이 가장 유명하다. '국민의, 국민에 의한, 국민을 위한 정치'라는 구절은 누구나 익히 알고 있을 것이다. 그리고 미국의 음식문화에 오늘날까지 영향을 미치고 있는 것이 바로 이 연설의 처음에 언급한 추수감사절을 기념한다는 취지의 포고다.

링컨은 남북전쟁이 한창이던 1863년 10월 3일에 포고문을 발표했다. 그 내용은 '11월의 마지막 목요일을 추수감사절의 공휴일로 정한다'는 것이었다(현재는 넷째 주 목요일). 링컨의 이 선언에 의해 미국에서는 처음으로 연방국가로서의 공휴일이 제정되었다. 그 이전까지 미합중국의 공휴일은 초대 대통령 워싱턴의 생일과 독립기념일뿐이었다.

링컨과 관련한 음식 이야기에 앞서 링컨의 선언이 계기가 되어 현대까지 이어지는 추수감사절 음식에 대해 알아보자. 추수감사절의 단골메뉴로는 칠면조 구이, 감자·고구마 요리, 호박파이, 강낭콩 요리, 크랜베리 등을 들 수 있다.

──────── • 미국 추수감사절의 시작 • ────────

미국의 추수감사절 저녁 식탁의 주인공은 칠면조다. 추수감사절의 다른 이름으로 '칠면조 디너'라는 말이 있을 정도로 많은 미국인은 이날에 칠면조를 먹는다. 아메리카대륙, 특히 멕시코 분지에서 수입된 칠면조(제10장)는 영국에서 인기를 끌었고, 1560년대에는 많은 유럽인이 즐겨 먹게 되었다. 칠면조는 특히 크리스마스와 같은 축제일에 요리해서 먹는 기본적인 조류구이 요리로 자리잡게 되었다.

그러다 17세기에 영국에서 미국으로 이주한 사람들이 칠면조를 가지고 오면서 칠면조는 아메리카대륙으로 귀향한 셈이 되었다. 즉 아메리카대륙에 원래 있던 '야생' 칠면조와 '영국에서 귀향'한 칠면조 두 종류가 아메리카대륙에 존재하게 된 것이다.

1620년에 필그림 파더스라고 불린 영국의 퓨리턴(청교도) 일행이 메이플라워호를 타고 미국으로 건너와 현재의 매사추세츠주 플리머스에 정착했다. 이듬해 1621년에 그들은 선주민인 인디언의 도움을 받아 농작물 재배에 성공했고, 우리의 수확물을 신에게 감사하는 축하연을 열었다. 이러한 축하연은 영국에서 오래전부터 행해온 추수감사제를 계승한 것이었다. 그들은 영국에서 크리스마스나 축제 때 돼지, 송아지, 거위, 닭, 칠면조와 같은 고기를 구워 함께 나눠 먹었던 옛 풍습을 신대륙에서도 이어갔다.

1621년에 열린 축하연의 메뉴는 남아있지 않아서 정확히 알 수 없지만, 앞에 언급한 추수감사절의 단골메뉴와 가까웠을 것으로 추정된다. 그리고 이 요리들은 신대륙의 식재료와 구대륙의 식재료가 융합해서 새롭게 탄생한 음식들이었다. 예를 들면 파이요리는 고구마나 호박 등 신대륙의 식재료와 구대륙의 향신료인 타임과 로즈마리 그리고 아라비아에서 이베리아반도로 건너온 커스터드(계란, 우유, 설탕, 향신료를 섞어서 만듦)를 조합해서 만들었다.

문화인류학에서는 서로 다른 두 집단이 오랜 시간 함께하면서 변모하거나 또 다른 문화가 새롭게 생겨나게 되는 현상을 크레올Creole화라고 부르는데, 17~19세기 미국에서는 신대륙과 구대륙의 식재료와 요리법이 꾸준히 섞이면서 여러 음식문화가 융합된 크레올 요리가 꽃을 피웠다.

그 무렵 미국인의 첫 요리책이 1796년에 출판되었다. 작가 아멜리아 시몬스Amelia Simmons(생몰년 미상)가 쓴 《아메리칸 쿠커리American Cookery》다. 여기에는 호박파이 레시피가 실려있다.

호박 1쿼트를 푹 끓이고 걸러서 크림 3파인트, 계란 9개를 풀고, 설탕, 메이스, 육두구, 생강을 넣어 페이스트 상태로 만든 다음 (중략) 남은 반죽으로 십자모양이나 바둑판모양으로 장식한 뒤 접시에 담아 오븐에서 45분 정도 굽는다.

시몬스의 책에는 '칠면조의 스터핑 로스트'라는 요리법도 수록되어 있는데, 그레이비소스와 크랜베리소스가 언급되어 있다. 오늘날 미국 추수감사절 때 칠면조 요리에 그레이비소스와 크랜베리소스를 사용하는 것은 시몬스의 레시피로부터 200년 이상이나 이어져 내려온 것임을 실감할 수 있다. 이 레시피에는 타임이나 마조람과 같은 구대륙의 향신료도 적혀있어 칠면조 구이 역시 크레올 요리의 범주에 속한다고 할 수 있다.

  미국을 대표하는 그레이비소스에 대해서도 살펴보자. 그레이비(육즙)라는 말은 중세 영어 'gravé'에서 시작되었고, 중세 프랑스 요리책에서 많이 볼 수 있는 것으로 보아 프랑스어에서 유래한 단어로 추정한다. 중세시대 당시 원뜻은 고기를 구울 때 흘러나오는 자연스러운 즙을 말한다. 중세시대에 구이용 고기에 육즙을 끼얹는 요리는 비잔틴제국에서도 찾아볼 수 있다. 돼지고기, 양고기, 염소 등의 육즙을 센 불에서 바짝 조린 후 가룸이나 포도주와 섞어서 먹는 일이 많았다는 내용이 중세 여행자들의 기록에도 남아있다(제6장).

  17세기 프랑스에서 소스요리가 등장하자(제13장), 그레이비소스는 프랑스의 영향을 받아 여러 차례 세련되게 바뀌며 식민지 시대 미국으로 건너갔다. 시몬스의 《아메리칸 쿠커리》에 실린 '칠면조 스터핑 로스트'에는 육즙(소스)에 버터 1/3파운드와 밀가루를 넣어서 그레이비소스를 만들어 칠면조에 끼얹는다고 기록되어 있다. 육즙에 버터를 넣어 소스를 만드는 방식은 당시 일반적이었고, 19세기까지 인기가 있었다. 중세의 전통과 프랑스 요리에서 발전한

•

소스가 미국 전통요리와 접목되어 현재에 이르는, 그런 역사의 흐름을 강하게 느낄 수 있는 요리다.

링컨 대통령이 추수감사절을 미국의 국경일로 선포하기에 이르기까지 다양한 사람들의 노력이 있었다. 그중에 특히 편집자 사라 조세파 헤일Sarah Josepha Buell Hale(1788~1879)의 공이 컸다. 2016년 〈타임〉지의 추수감사절 시기의 기사에는 '추수감사절을 공휴일로 만들기 위한 그녀의 로비활동은 1827년에 발표한 그녀의 소설《노스우드Northwood》의 한 구절로 거슬러 올라갈 수 있다'고 지적했다.

이 소설에는 뉴잉글랜드주 노스우드에 사는 한 농가의 추수감사절 요리들이 묘사되었다. 칠면조 구이를 시작으로 소 등심, 돼지 넓적다리살, 양의 넓적다리살, 한 쌍의 거위와 오리, 치킨파이, 피클, 잼, 버터, 거대한 자두 푸딩, 커스터드, 여러 종류의 진한 케이크, 각종 고기와 달콤한 과일 등 식욕을 돋우는 요리가 식탁을 가득 채웠고, 그중에는 '진정한 미국인의 추수감사절에 빼놓을 수 없는' 호박파이도 있었다. 소설에서 사람들은 신의 은혜와 자비에 감사하며 별다른 의식 없이 식사를 시작했다고 적었다.

헤일의 소설 속 묘사는 오늘날 미국 추수감사절의 저녁 식사와 매우 비슷하다. 큰 차이는 칠면조뿐만 아니라 고기요리의 종류가 많았다는 점이다. 적극적으로 추수감사절을 공휴일로 만드는 활동을 한 헤일은 조금 더 미국적인 식재료를 중심으로 한 요리들을 선택해서 소설 속에 내세웠을 것으로 생각된다.

• 링컨의 어린 시절 식탁 •

에이브러햄 링컨은 미국 캔터키주에서 태어났다. 아버지 토머스(1778~1851)는 목수이자 품삯을 받고 일하는 농부였고, 어머니 낸시(1784~1818)는 재봉 일을 했다. 에이브러햄이 태어나고 몇 년 후 가족은 켄터키, 인디애나, 일리노이주를 전전했다. 어머니 낸시는 농작물을 재배하고 성서를 읽는 것을 좋아했다. 에이브러햄은 그런 어머니의 모습을 보며 성장했다.

인디애나주에서 어머니 낸시는 저녁 식사나 손님이 왔을 때 자주 야생동물, 콩, 옥수수 등을 이용해서 요리를 만들었다. 그리고 재 속에서 감자와 고구마를 굽기도 했고, 아이들도 종종 견과류를 구워 먹었다. 에이브러햄은 근처 샘에서 물을 길어와 그 물로 저녁 식사인 '호케이크'나 '콘 다저스'를 만들었다. 호케이크는 콘밀로 만든 무발효 팬케이크를 말하며, 콘 다저스는 굽거나 튀겨낸 작은 타원형의 옥수수빵을 말한다. 둘 다 신대륙의 식재료를 사용한 요리로 19세기의 추수감사절 메뉴에 포함된다.

작가 로라 잉걸스 와일더[Laura Ingalls Wilder](1867~1957)의 책《초원의

집 3: 플럼 시냇가》에는 추수감사절의 모습이 잘 그려져 있으며 저녁 식사 메뉴에 콘 다저스가 들어있다.

> 추수감사절의 저녁 식사는 맛있었다. 아버지는 저녁 식사를 위해 거위를 잡았다. 집에 난로도 작은 스토브에 달린 오븐도 없었기에 어머니는 거위를 끓여야 했다. 하지만 어머니는 그 그레이비로 만두를 만들었다. 콘 다저스와 으깬 삶은 감자, 버터와 우유, 말린 자두도 있었다. 각자의 양철 접시 옆에는 볶은 옥수수가 세 알씩 놓여 있었다.

여기에서도 거위 육수를 맛있게 살렸고, 그레이비라는 단어도 사용되었다. 이《초원의 집》시리즈에는 서부 개척시대의 미국에서 가난한 생활이지만 혹독한 자연 속에서 열심히 살아가는 가족의 모습이 담겨있다. 1870년대의 소박하지만 따스한 추수감사절의 저녁 식사를 즐기는 가족의 모습이 전해진다.

─────────── • 링컨과 오바마 • ───────────

2009년에 실시된 제56대 미국 대통령 취임식은 공교롭게도 에이브러햄 링컨의 탄생 200주년이 되는 해였다. 그래서 링컨이 기회가 있을 때마다 강조했던 혁신, 지속, 단결의 이상을 새롭게 새기는 특별한 취임식이 되었다.

2009년 1월 20일에 개최된 제44대 미국 대통령 버락 오바마의 축하 오찬회는 이전까지와는 조금 다른 분위기로 진행되었다. 축하 오찬회는 보통 새로운 대통령과 부통령의 출신 주의 대표 요리를 채택하는 것이 관례인데, 오바마 대통령의 축하 오찬회는 켄터키주와 인디애나주의 개척지에서 성장한 제16대 대통령 링컨이 즐겨 먹었던 음식으로 구성했다.

〈취임기념 오찬 메뉴〉
- 첫 번째 코스: 해산물 스튜
- 두 번째 코스: 미국 조류 2종(꿩과 오리), 체리 처트니와 당밀을 넣은 스위트 포테이토 곁들임
- 세 번째 코스: 애플시나몬 스펀지케이크 및 달콤한 크림 글라세

링컨은 야생동물고기와 뿌리채소 그리고 사과케이크와 같은 간단한 요리를 좋아했다고 전해진다. 그 외에도 굴찜 요리나 가리비 조개의 관자를 좋아했고, 간식이나 디저트로는 신선한 사과나 사

과케이크를 즐겨 먹었다고 한다. 오바마 대통령의 축하 오찬회에서는 링컨이 좋아하는 음식 취향을 확실히 파악하고 센스있게 연출했다.

오바마 대통령의 축하 오찬회는 링컨이 즐겨 먹었던 음식을 중심으로 메뉴를 구성했지만, 실제로 링컨이 대통령 취임식 축하연에서 먹었던 요리와는 조금 달랐다. 그렇다면 실제로는 어떤 음식이었을까?

1861년 3월 4일, 링컨 대통령의 취임 후 첫 만찬회가 열렸다. 15명 정도의 내빈과 함께 모크 터틀 수프(가짜 거북 수프로 바다거북 대신에 송아지 머릿고기를 써서 비슷하게 맛을 낸 수프), 소금에 절인 소고기(콘비프), 양배추, 파슬리를 곁들인 감자요리, 블랙베리파이 등 간단한 식사를 했다고 전해진다. 그리고 자정이 가까워지자 링컨 대통령은 가벼운 음식을 더 먹었다고 한다.

그로부터 4년 후인 1865년 3월 6일에 링컨은 미국 특허청에서 다시 대대적인 취임 축하연을 열었다. 소고기, 닭고기, 송아지고기, 야생동물고기, 오리고기, 푸아그라의 파테, 훈제육, 치킨샐러드, 랍스터샐러드 등이 준비되었고 4,000명 이상이 연회에 참석했다고 한다. 디저트는 아몬드 스펀지케이크와 과일타르트, 다섯 가지 종류의 샤를로트 뤼스(대형 디저트 과자로 차가운 케이크와 비슷하다) 등 무려 30종이나 되는 메뉴를 준비했다.

남북전쟁 이전까지 크레올 요리는 지역마다 다양했지만, 그 지역에서만 소비되었을 뿐 전국적으로 확산되지는 않았다. 크레올 요리의 일례로, 앞에 소개한 호박파이는 미국 동북부 지역에서 아메리카 원주민(네이티브 아메리칸)의 식재료와 서양의 조리법이 합쳐져서 완성된 요리다. 또 남동부 사우스캐롤라이나주 로우컨트리 요리로 호핑존Hopping john이라는 이름의 미국식 콩밥이 있다. 이는 아메리카 원주민들에게 친숙한 콩(완두콩)과 남부에 있던 흑인들의 쌀(밥) 요리가 결합된 요리다. 흑인 노예들은 아프리카에서 벼농사를 지었던 경험에서 쌀을 재배했다. 아메리카 원주민(신대륙)과 흑인 노예(아프리카)의 식재료와 요리법이 결합한 크레올 요리다. 그리스에서 태어난 일본인 소설가 고이즈미 야쿠모(본명은 패트릭 래프카디오 헌)도 이 요리를 책에 언급하기도 했다.

우리가 패스트푸드로 먹는 프라이드치킨도 미국 남부에서 먹었던 크레올 요리의 범주에 속한다. 흑인 노예들이 서아프리카에서 향신료로 맛을 내던 닭고기 조림요리와 스코틀랜드 이민자들이 버터로 닭고기를 튀기는 요리법이 섞여서 닭을 향신료로 양념해 기름에 튀기는 프라이드치킨이 만들어졌다.

한편, 남북전쟁 중에는 미국 각지에서 온 사람들과 유럽에서 건

호핑존은 미국의 신년 음식 중 하나로, 원래 아프리카에서 끌려온 흑인 노예들이 먹었던 음식이었으나 남북전쟁 이후로 미국 전역에서 먹는 음식이 되었다.

너온 이민자들이 전장에서 숙식을 함께했다. 이에 따라 사람들은 자연스럽게 각 지역에서 만들어진 향토 음식과 다양한 식습관이 있다는 사실을 알게 되었다. 그리고 그것들은 서로 섞여서(크레올 요리) 각 지역으로 퍼져나갔다.

여기에 링컨 대통령이 휴일로 제정한 추수감사절이라는 계기가 더해지면서 미국 전역에서 맛볼 수 있는 통일된 요리의 토양이 만들어졌다. 추수감사절의 요리 메뉴도 원래는 북동부 지역의 전통 요리였지만, 점차 미국 전역에서 먹게 되었다. 각 주마다 전혀 다른 식습관과 각 민족 고유의 음식이 형성되었지만, 1860년대부터 그 것들이 다른 지역으로도 퍼져나갔다. 이는 공업화에 의한 발전과 도시형 라이프스타일의 획일화가 이루어지면서 햄버거로 대표되는 20세기 패스트푸드로 이어지게 된다(제18장).

•

추수감사절과 크레올 요리

CHAPTER 16

대영제국의 카레

코난 도일
Conan Doyle

Conan Doyle

또 올바른 환경에 대한 지식이 부족해 위험한 상황에 빠진 적
도 몇 번인가 있었다. 예를 들면 나는 경마와 관련 있는 일을
한 적은 없지만 그래도 〈실버 블레이즈〉(《셜록 홈즈의 회상록》의 첫
번째 작품)라는 작품을 썼다. 그 소설은 경마 규정과 말을 훈련하
는 내용이 바탕으로 깔려있다. 이야기 자체에 부적합한 내용은
없었다. 홈즈가 크게 활약하는 것도 좋았다. 하지만 나의 무지
는 하늘까지 울려 퍼졌다. 나는 어느 스포츠신문에서 이 소설
을 신랄하게 지적한 훌륭한 비평을 읽은 적이 있다. 분명히 그
방면에 정통한 사람이 쓴 글로, 소설 속 인물들이 소설대로 행
동했다면 한 사람도 빠짐없이 처벌받았을 것이라고 했다. 그중
절반은 감옥행이고, 나머지는 경고 받고 경마계에서 추방당했
을 것이라고 했다. 그래도 나는 사소한 일에 별로 신경을 쓴 적
은 없다. 인간은 가끔은 고자세를 취할 필요가 있다.

아서 코난 도일, 《아서 코난 도일 자서전》 중에서

아서 코난 도일은 19세기 후반 영국을 상징하는 인물 중 한 명으로, 전 세계적으로 유명한 추리 소설 《셜록 홈즈》 시리즈의 창조자다. 코난 도일은 1859년에 에든버러의 피카르디 플레이스에서 태어났다. 소년 시절 코난의 가정은 훈육이 엄격했는데, 학교는 이보다 한층 더 엄격한 스파르타식 교육 현장이어서 참으로 비참했다고 한다. 숱한 괴롭힘 속에서 가정과 책만이 위안이었다고 그는 회고했다.

코난은 고대 스파르타를 방불케 하는 학교에서의 식사에 대해서도 구체적으로 기록했다. 아침에는 주로 버터 없는 빵과 물을 많이 섞은 우유가 나오고 가끔은 고기가 나오기도 했으며, 점심에는 '빵과 맥주'라고 부르는 버터 바른 빵조각과 연한 갈색의 음료가 나왔다고 한다. 뜨거운 우유가 나오기도 했고 저녁에는 감자가 종종 나왔으며 일주일에 두 번 푸딩이 나왔다고 밝혔다.

─────────────── · 감자의 정착 · ───────────────

코난의 학교 식사 메뉴에 감자가 등장한다. 신대륙에서 건너온 감자는 언제부터 영국에 등장하게 되었을까? 사실 영국은 다른 나라보다 감자재배가 매우 일찍 시작된 편으로 1699년에는 영국 전역에서 재배되었다. 그리고 18세기에는 영국 전역에서 사람들이 갈수록 더 신뢰하는 상업용 농작물로 자리매김했다.

> 감자와 옥수수 -인디언 콘이라 불리는 것- 는 유럽의 농업, 어쩌면 유럽 자체가 교역과 항해의 대규모 확장을 통해 얻은 가장 중요한 두 가지 개선점이다.
>
> 아담 스미스, 《국부론》 중에서

콜럼버스가 바다를 건너 활동한 대항해 시대부터 《국부론》이 출판된 1776년까지 약 280년간 유럽의 동향은 아담 스미스의 말로 집약될 수 있을 것이다. 감자는 그 후 수많은 가난한 사람들을 먹여 살렸고, 영국의 인구증가에 기여했다. 산업화가 진행되던 19세기의 노동자 계급에게는 절대 없어서는 안 될 식재료로 자리 잡았고, 대량으로 소비되기 시작했다.

----------- · 한 끼 가격 · -----------

1876년 10월에 에든버러 대학교 의학부에 입학한 코난 도일은 고학생이었다. 그는 점심 비용으로 2펜스까지만 허용했다. 1파운드

가 20실링, 즉 240펜스다.* 당시 화폐의 가치가 어느 정도였는지 《셜록 홈즈》에서 확인해보자.

> "그거 별거 아니에요. 나도 조사해봤는데, 10월 4일 객실 이용료 8실링, 아침 식사 2실링 6펜스, 칵테일 1실링, 점심 식사 2실링 6펜스, 셰리주 한 잔 8펜스라고 적혀있을 뿐이에요. 아무의미도 없어요."
> "비싼 요금이지. 방값이 8실링이고 셰리주 한 잔이 8펜스라는 것은 고급 호텔이야. 이렇게 비싼 호텔은 런던에도 그리 많지 않아."
>
> 아서 코난 도일, 《셜록 홈즈: 결혼식에서 사라진 신부》 중에서

당시에는 얼마를 벌어야 런던에서 살 수 있었을까? 금전적인 상황과 관련해서도 코난 도일은 소설 안에 상세히 적어놓았다.

> "매우 재미있는 이야기네요. 1년에 100파운드나 이자가 들어오는 데도 일해서 돈을 버신다면 필시 여행을 좋아하거나 하고

● 실링은 파운드의 20분의 1이라는 의미로 1파운드=20실링, 1실링=12펜스다. 하지만 이는 1971년 화폐개혁으로 1파운드=100펜스가 되면서 사라졌다.

싶은 많은 일도 하시겠죠. 독신 여성이 1년에 60파운드나 있으면 꽤 넉넉하게 살아갈 수 있으니까요."

"얼마 전까지 스펜스 먼로 대령댁에서 일할 때 한 달에 4파운드 받았어요."

아서 코난 도일,《셜록 홈즈: 너도밤나무 집》 중에서

참고로 코난 도일은 로마 가톨릭계의 기숙형 중학교에 입학했는데, 학비는 연간 50파운드 정도 들었다고 자서전에 기록했다.

─────── • 《셜록 홈즈》에 나오는 요리: 샌드위치의 탄생 • ───────

코난 도일은 1887년부터 1927년까지 오랜 기간에 걸쳐 소설《셜록 홈즈》를 집필했다. 이야기의 무대는 19세기 말 빅토리아 시대의 런던이다.《셜록 홈즈》는 음식에 주안점을 둔 소설은 아니지만, 그래도 19세기 당시의 런던 시민들이 어떤 음식을 먹고 있었는지 뚜렷이 알 수 있다. 음료는 커피, 코코아가 언급되나 영국에서 대유행을 거쳐 국민적인 음료가 된 홍차가 언급되지 않은 것도 특징이다.

눈에 띄는 것은 샌드위치다. 특히 〈녹주석 왕관〉에서 홈즈는 소

《셜록 홈즈》 시리즈에 등장하는 요리

- **주홍색 연구:** 빵

- **네 개의 서명:** 햄에그, 굴과 들꿩

- **보헤미아 스캔들:** 차가운 소고기, 토스트

- **빨강머리 연맹:** 샌드위치

- **블루 카벙클 :** 멧도요새 요리

- **사라진 신부:** 차가운 도요새 고기 한 쌍, 꿩 한 마리, 거위 간 파이

- **엔지니어의 엄지손가락:** 얇게 썬 베이컨과 달걀

- **녹주석 왕관:** 커다란 쇠고기 덩어리에서 한 조각 잘라내 빵 사이에 끼워 넣어 만든 변변치 않은 샌드위치 도시락

- **실버 블레이즈:** 양고기 카레

- **해군 조약문:** 닭고기 카레, 햄에그

- **버스커빌가의 사냥개:** 빵 한 덩어리, 소고기 통조림 한 개, 복숭아 통조림 두 개

- **두 번째 얼룩:** 샌드위치

- **세 학생:** 완두콩 요리

- **공포의 계곡:** 네 번째 달걀, 토스트

- **베일 쓴 하숙인:** 차가운 꿩고기

- **쇼스콤 고택:** 송어 요리

- **은퇴한 물감 제조업자:** 토스트 부스러기와 빈 달걀 껍질 두 개

•
대영제국의 카레

고기를 얇게 썰어서 둥근 빵 사이에 끼워 즉석에서 샌드위치 도시락을 만들어 수사하러 나선다.

영국은 샌드위치의 발상지다. '샌드위치'라는 명칭은 한 인물의 이름에서 유래했는데, 바로 제4대 샌드위치 백작 존 몬태규(1718~1792)가 그 장본인이다. 이 샌드위치 백작이 너무 바빠서 여유 있게 식사할 시간이 없어 빵 두 조각 사이에 차가운 고기를 끼워 먹었다는 것이 샌드위치 탄생의 일화다.

어느새 샌드위치 백작의 친구나 동료들이 '샌드위치와 같은 것(빵 사이에 고기나 다른 재료를 끼운 것)'을 주문하기 시작했고, 그것이 점점 '샌드위치'라는 말로 굳어진 듯하다. 1760년대부터 1770년대에 유사한 음식들이 급속히 보급되면서 샌드위치는 일반적인 명칭으로 사용되었다.

──────────── • 홍차, 유럽으로 향하다 • ────────────

이제 홍차와 유럽의 역사를 되돌아보자. 유럽세계에 차가 상륙한 것은 1610년에 네덜란드 선박이 상업용으로 유럽에 처음 차를 가지고 왔을 때부터다. 최초의 수입품은 녹차였다. 그 후 오랜 항해를 견딜 수 있는 홍차가 수입되었다. 당시 유럽에서는 커피와 마찬가지로 홍차에 대해서도 건강과 생명의 위기에 관한 다양한 논의가 활발히 전개되고 있었다.

프랑스에서는 17세기 후반만 해도 귀족들 사이에서 홍차가 유행해서 뜨거운 홍차에 우유를 넣어 밀크티로 즐겨 마시고 있었다. 그런데 커피와 코코아가 프랑스 궁중에 들어오면서 사람들은 그 매력에 빠져들었고, 홍차는 커피나 코코아에 비해 워낙 고가였기 때문에 찾는 사람이 점점 줄어들었다. 유럽에 처음으로 홍차를 도입한 네덜란드도 상황은 마찬가지여서 홍차의 수요는 커피와 코코아 등에 빼앗기고 말았다.

한편 영국에서는 궁정을 제외하고 17세기 말에 홍차를 마시는 사람은 드물었다. 1699년 영국의 홍차 수입량은 불과 60톤 정도로, 영국에서 홍차가 대중화된 것은 18세기 이후부터다.

영국에서 홍차는 궁정에서부터 보급되기 시작했다. 1662년 스튜어트 왕조의 잉글랜드 왕 찰스 2세(1660~1685년 재위)는 포르투갈 왕 주앙 4세(1640~1656년 재위)의 딸 캐서린 브라간사(카타리나 데 브라간사, 1638~1705)와 결혼했다. 캐서린이 찰스 2세와 결혼할 때 많은 지참금(실제로는 돈이 아니라 포르투갈의 해외식민지 교역권 등)을 가지고 영국 궁정에 들어왔는데, 그 가운데에 차 상자가 있었다.

당시 홍차는 상당한 고급품이어서 쉽게 구할 수 있는 물건이 아니었다. 하지만 캐서린은 매일같이 홍차를 마셨는데, 당시 무역 선진국으로 번영했던 포르투갈의 공주였기 때문에 가능한 사치였다. 그녀는 생활하던 서머셋 하우스에 귀부인들을 초대해 홍차를 대접하며 차 문화를 유행시키기 시작했다. 점차 영국 귀족들 사이에서 홍차를 마시는 습관이 생기게 되었고, 이 문화는 점점 더 확산되었다. 캐서린이 영국 궁정에 가져온 큰 선물은 차와 영국이 동인도제도에 접근할 수 있는 계기를 마련해준 것이었다.

한편 비슷한 시기에 동인도제도에서 홍차 독점수입권을 인정받은 영국 동인도회사가 시장점유율을 확대해갔다. 이는 1660년대에 네덜란드에서 양질의 차를 소량 가져와 영국 왕에게 선물로 바쳤는데, 이 홍차가 몹시 마음에 들었던 왕은 동인도회사에 강력한 권력을 부여했다고 한다.

─────── • 설탕을 넣은 홍차와 산업혁명 • ───────

영국 내에서 홍차가 압도적으로 보급된 배경에는 17세기 중반 무렵부터 1세기 동안 런던 등지의 대도시에서 성행한 커피하우스가 있다. 오늘날의 카페처럼 말 그대로 커피를 마실 수 있는 곳이었다. 1650년대에 옥스퍼드와 런던에 잇따라 커피하우스가 문을 열면서 커피하우스는 사람들이 자유롭게 이야기를 나눌 수 있는 새로운 사교의 장이 되었다.

커피하우스에서는 커피뿐 아니라 홍차나 핫초콜릿과 같은 음료도 마실 수 있었다. 카리브해 지역에서 생산된 설탕이 제공되면서 설탕을 넣은 홍차를 마시게 되었는데, 이때부터 홍차는 커피나 핫초콜릿과 함께 귀족과 상인들 사이에서 크게 유행했다.

무엇보다 영국인의 식생활은 산업혁명으로 인해 크게 변화하게 된다. 평소 오트밀, 우유, 치즈, 빵을 먹던 식생활에서 점차 홍차, 설탕, 버터, 빵을 주로 먹는 생활로 바뀌어갔다.

산업혁명이 한창 진행되고 있을 때 영국인이 마시던 홍차는 말도 안 되게 진해서 우유나 크림을 넣어 부드럽게 밀크티로 마셨다. 산업혁명으로 홍차와 설탕 모두 유통량이 안정되고 가격도 떨어지면서 귀족들이 커피하우스에서 마시듯이 중산층이나 노동계층도 손쉽게 홍차와 설탕을 함께 즐길 수 있게 되었다. 설탕을 넣은 홍차는 산업혁명의 자동화에 따른 합리적인 식습관의 변화를 의미한다.

• 19세기 영국의 국민음식 카레 •

《셜록 홈즈》 속 요리로 되돌아가보자. 19세기 말 런던 서민들의 식사로는 의외라고 생각되는 음식이 등장한다. 카레다.

"허드슨 부인이 무척이나 신경쓰셨군." 홈즈는 닭고기 카레가 담긴 그릇의 뚜껑을 열면서 말했다. "특별한 요리는 잘 모르지만 스코틀랜드 부인답게 아침 식사는 잘 차리는 편이야. 왓슨, 그건 뭐야?"

"햄에그."

"좋네. 펠프스 씨는 뭘 드실래요? 닭고기 카레? 계란요리? 뭐든 좋아하는 걸 말씀하세요."

아서 코난 도일, 《셜록 홈즈: 해군 조약문》 중에서

정신을 차린 사냥꾼도 이 넥타이 주인에 대해서는 비슷한 증언을 했다. 그리고 자신이 이렇게 잠에 빠진 것도 그 남자가 창밖에 서 있었을 때 양고기 카레에 약을 섞은 게 분명하다고 주장했다.

아서 코난 도일, 《셜록 홈즈: 실버 블레이즈》 중에서

〈실버 블레이즈〉에서는 카레가 수수께끼를 푸는 단서로 사용되었다. 당시 카레는 영국을 대표하는 요리라고 해도 과언이 아닐 정도의 존재감이 있었다.

19세기의 100년 동안 영국 본토에서 카레의 입지는 점점 더 커졌는데, 그 토양을 만든 시기가 18세기다.《셜록 홈즈》의 시대부터 100년가량 이전 시점에 영국인들 사이에서는 카레라는 말이 이미 깊숙이 침투해 있었다. 영국과 우호조약을 맺은 인도 중남부 니잠 왕국의 궁중요리와 카레가 영국에 전해졌기 때문이다.

초기에 인도로 이주한 영국인들은 향신료를 많이 사용하는 고아 지역의 요리(인도 요리의 일부)에 큰 거부감을 갖지 않았던 것 같다. 그도 그럴 것이 18세기 영국에서는 요리에 커민, 캐러웨이, 생강, 후추, 계피, 정향, 육두구와 같은 향신료를 듬뿍 사용하는 중세 유럽 음식의 전통이 존재했기 때문이다. 반면 프랑스에서는 다양한 향신료를 많이 사용하는 중세의 전통에서 빠르게 벗어나 향신료는 후추, 정향, 육두구로 제한하고 이를 효과적으로 사용하는 요리 방식으로 바뀌었다.

19세기 영국 대중잡지에 인도 요리 레시피가 게재된 것도 중산층에서 카레가 유행한 요인이 되었다. 무엇보다 카레가 인기를 끈 결정타는 서민들의 지갑에 부담이 적은 경제적인 음식이라는 점이다. 또한, 카레는 남은 고기와 채소를 잘 활용하기에 이상적인 요리였다. 당시 유명한 요리책 작가인 이사벨라 비턴^{Isabella M. Beeton}(1836~1865)의《살림에 관한 책^{The Book of Household Management}》에는 인도 현지의 맛을 영국인의 입맛에 맞게 바꾼 카레요리 레시피가 실려있다.

　　고기는 먹기 좋은 크기로 자르고, 젤리 또는 남은 고기와 재료를 푹 끓여 육수를 만든다. 냄비에 버터를 두르고 양파를 갈색이 될 때까지 볶다가 밀가루와 카레가루를 넣고 5분간 끓인 뒤 사과와 부용을 넣고 재료가 다 끓을 때까지 저어준다. 뚜껑을 덮고 30분간 끓인 후 체에 걸러서 다시 냄비에 넣는다. 거의 다 끓으면 레몬즙을 넣고 간을 맞춘 뒤 고기를 넣는다. 냄비를 스토브 옆에 두고 고기를 20분 정도 뜨거운 소스에 담가두지만, 끓여서는 안 된다. 갓 지은 밥 위에 완성된 카레를 얹어서 먹는다.

　　비턴의 레시피에는 인도 현지의 요리에서 영국식으로 바뀌는 부분을 다음에서 볼 수 있다.

1. 다양한 향신료 중 카레가루를 사용한다.
2. 카레가루와 육수를 함께 넣는다.
3. 밀가루를 넣어 약간 걸쭉하게 만든다.
4. 망고를 사과로 바꾸어 넣었다.

이후 이 19세기 영국식 카레는 인기가 시들어 거의 먹지 않게 되었다. 영국에서는 지금도 카레가 국민음식이라고 말해도 좋을 정도로 인기있는 음식이지만, 주로 본고장 인도에서 직수입한 카레를 먹고 있다.

CHAPTER 17

세 시대의 음식을 맛보다

나쓰메 소세키

夏目 漱石

夏目 漱石

메이지 34년(1901) 1월 12일(토)

영국인이라고 해서 반드시 나보다 문학적 지식이 높을 것이라고 생각하지 마라. 그들 대부분은 가업에 바빠서 문학 같은 것에 신경 쓸 여유가 없다. 꽤 괜찮은 신문조차 읽을 한가한 날이 없다. 조금만 이야기를 나누다 보면 금방 알 수 있다. 물론 자국의 문학을 모른다고는 말하지 않지만 바빠서 독서할 시간이 없다며 얼버무리거나 혹은 아는 척하며 지나간다. 그들의 가슴 속에는 일본인에게 지면 부끄럽다는 생각이 있기 때문일 것이다. (중략) 짙은 안개, 봄밤의 흐릿한 달빛과 같다. 시내는 모두 촛불을 켜고 사무를 본다. 나가오 씨가 있는 방에 이르렀다. 가도노 씨 쪽에서 소고기 전골을 대접하는 자리가 있었다. 매우 맛있었다. 오후 11시쯤 집에 돌아왔다.

히라오카 도시오 편집, 《소세키 일기漱石日記》 중에서

나쓰메 소세키(1867~1916)는 게이오 3년에 태어나 다이쇼 5년에 사망한 일본을 대표하는 소설가다. 그가 소설가로 활약한 기간은 메이지 시대 말기부터 다이쇼 시대에 걸친 약 10여 년 남짓밖에 되지 않는다. 하지만 일본의 음식문화가 극적으로 변화한 게이오(에도 시대), 메이지, 다이쇼 세 시대를 모두 살았던 인물이다. 그를 통해 이 세 시대의 음식문화, 그리고 그가 유학생활을 한 영국의 19~20세기 요리까지 살펴보도록 하겠다.

나쓰메 소세키가 먹었던 음식은 크게 3가지로 나눌 수 있다. 첫 번째가 고대부터 중세에 걸쳐 일본에서 육식을 금기시하는 관습에 따라 형성된 쌀과 생선과 채소를 주식으로 한 일본식 음식이다. 두 번째는 메이지 초반 문명개화에 따른 서양요리와 서양적인 요소를 일본 전통요리와 접목해서 일본식으로 변형한 음식, 즉 일본식 양식이다. 세 번째는 영국 유학시절에 먹었던 19세기 영국 음식이다. 그 외 몸이 아플 때 병원에서 먹었던 음식 등 소세키의 글을 통해 당시 의료와 음식의 관계를 살펴볼 수 있다.

〈나쓰메 소세키의 작품에 등장하는 음식들〉
- **나는 고양이로소이다:** 표고버섯, 가마보코(어묵), 빵에 설탕, 떡국과 떡, 소고기 한 근, 카스텔라, 잼, 무즙, 양갱, 어묵 국물, 개랑조개, 달걀,

소바, 수박, 기러기 전골, 커틀릿, 가다랑어포, 주먹밥, 곶감, 별사탕

- **도련님:** 긴쓰바(팥 과자), 매화모양의 과자, 메밀물, 덴푸라(튀김) 메밀국수, 경단, 고구마조림, 소고기
- **풀베개:** 과자
- **태풍:** 생맥주, 연어튀김, 비프 스테이크, 구운 빵, 우유
- **명암:** 구체적인 요리 이름 없음(저녁 식사 장면, 회식 장면, 프랑스 요리점에서 회의 장면, 아침 식사와 저녁 식사 장면 등)
- **우미인초:** 죽순, 갯장어요리, 감 양갱, 홍차, 양과자, 차, 비스킷
- **산시로:** 복숭아, (구마모토의 소고기집), (메밀국숫집)
- **그 후:** 홍차, 구운 빵, 버터, (서양요리점), (장어구이집), 초콜릿, 포도주, (양식집에서 회식), (아침은 거르고 홍차 한 잔)
- **문:** 소바가키(메밀요리), 오차즈케, 만두, 떡, 술, (소고기집), 과자
- **춘분지나고까지:** (하숙집에서 점심 식사), (하숙집에서 아침 식사), 아이스크림
- **행인:** 아이스크림, (병원 밥), (열차 안 식당에서 점심 식사), 도미찜, (와카야마의 음식점에서 식사), (숙소에서 저녁 식사), (숙소에서 아침 식사), 푸딩, (저녁 식사 식탁), 찬합 안에 떡(오하기: 일본식 찹쌀떡), (세이요켄 아래 서양요릿집에서 식사)
- **마음:** 초콜릿을 바른 다갈색 카스텔라, 말린 표고버섯, (졸업 축하 잔치), 팥밥, (야식), (하숙집에서 저녁 식사), (저녁 식사 초대), 료고쿠에서 닭고기 요리, 맛없는 점심, (아침인지 점심인지 알 수 없는 밥), (납 같은 밥을 먹은 저녁 식사)
- **한눈팔기:** 김초밥, (한 공기로 끝낸 아침 식사), (감기에 걸렸을 때 저녁 식사), (저녁 식탁), (단팥죽 집), 삶은 콩, 샌드위치, 비스킷

전근대의 일본에서 육식은 원칙적으로 금지되었다. 이 상황을 극적으로 바꾼 계기가 바로 1854년 일본의 개항이다. 개항 이후 서양 요리에 대한 육류 수요가 늘어나면서 소고기를 파는 가게가 등장하기 시작했고, 1871년(메이지 4년) '육식 금지령'이 해제되었다. 이후 메이지 정부는 일본 국민들에게 본격적으로 육식을 장려했다. 같은 해에 가나가키 로분假名垣 魯文의《소고깃집 잡담 아구라나베牛店雜談安あ愚く楽ら鍋》라는 책이 출간되었는데, 책에 '소고기 전골을 먹지 않으면 개화가 덜된 사람'이라는 말이 나올 정도로 소고깃집에서 파는 소고기 전골은 문명개화의 상징이자 근대 일본에서 육식의 시작을 나타낸다. 도쿄에서 소고기가 유행하는 양상은 소고깃집이 1875년(메이지 8년)에 70개 이상으로까지 늘어난 것에서도 알 수 있다.

일본 메이지 시대의 소고기 부흥과 함께 성장했다고 할 수 있는 나쓰메 소세키는 비프 스테이크를 즐겨 먹었으며, 이는 그의 소설에도 등장한다.

"왜? 뭐 그렇게 비관할 필요는 없지 않아? 제대로 해보자고. 나도 열심히 할 생각이야. 함께해보는 거지. 우선은 서양요리를 많이… 아, 비스테키가 나왔네. 이제 다 나온 거야. 살짝 구운 비스테키는 소화가 잘된다더군. 이건 어떠려나?"

나카노 군은 나이프를 휘두르며 고기의 가운데에서 두툼하게 한 조각을 잘랐다.

나쓰메 소세키, 《태풍》 중에서

스테이크를 '비스테키^{ビステキ}'라고 줄여 표기한 것에서 비프 스테이크^{Beef steak}라는 영어와 친숙했던 소세키의 고집이 느껴진다(메이지 시대에 등장한 신조어 '비후테키^{ビフテキ}'는 프랑스어 비프테크^{Bifteck}를 음차한 것이다).

1888년(메이지 21년)에 나온 《간편한 서양식 요리법 지도^{軽便西洋料理法指南}》는 서양 음식점의 레시피를 수록한 요리책으로, 당시 일본의 서양 음식점에서 어떤 요리가 제공되었는지 알 수 있는 중요한 책이다. 이 책에는 비스테키 레시피도 실려있는데, 소고기 안심이나 등심 중 하나를 사용해 고기를 도마에 얇게 펴서 소금과 후추로 간을 하고 기름을 두른 프라이팬에 양면을 뒤집어 다갈색이 될 때까지 2~3분 정도 구워내는 요리다. 함께 먹는 음식으로 감자튀김, 버터에 볶은 백설콩, 또는 샐러드를 곁들이면 좋다고 한다. 고기의 맛으로만 승부할 때는 불 조절이 가장 중요하며 잘 구워진 고기는 찬사를 받을 만하다고 쓰여있다.

〈런던에서의 식사〉

1900년   11월 12일   오후 4시 티타임: 홍차와 빵

　　　　 11월 20일   점심 식사 대신 비스킷

1901년   1월 12일   나가오 한페이, 가도노 주쿠로와 함
　　　　　　　　　　 께 소고기 전골로 저녁 식사

　　　　 3월 4일   점심에 수프, 차가운 소고기, 푸딩, 귤
　　　　　　　　　　 1개, 사과 1개

　　　　 3월 5일   베이커가에서 점심 식사. 고기 한 접
　　　　　　　　　　 시, 감자(추정), 채소, 홍차, 과자 2개로
　　　　　　　　　　 1실링 10펜스 지불

　　　　 4월 20일   점심 식사로 생선, 고기, 쌀, 감자(추
　　　　　　　　　　 정), 푸딩, 파인애플, 호두, 귤

　　　　 12월 25일   크리스마스 요리: 파이와 푸딩

1902년   11월 7일   후지시로 데이스케와 대영박물관의
　　　　　　　　　　 그릴에서 비프 스테이크와 에일(맥주)

나쓰메 소세키가 영국 유학 중(1900~1902)에 먹은 음식 그리고
식재료와 식문화 등

　　　　　　　　　　　　　　　 《소세키 연구연표》에서 발췌

앞 글에서 알 수 있듯이 소세키는 영국 유학 시절에 다양한 영국 음식과 문화를 경험했다. 앞에서 영국과 홍차의 보급에 대해 언급했지만(제16장), 19세기 후반 영국에서 홍차문화는 어떠했는지 다시 한번 살펴보자.

1840년대에 베드포드 공작부인인 안나 마리아 러셀^{Anna Maria} ^{Russell}(1783~1857)에 의해 애프터눈 티^{Afternoon tea}가 탄생했다. 안나의 가정은 저녁 식사 시간이 저녁 8시였는데, 그러다 보니 점심과 저녁 식사 사이가 길어 오후 늦은 시간에 홍차나 빵, 케이크를 담은 쟁반을 방에 가져와달라고 부탁했다. 이것이 그녀의 습관이 되었고 친구들을 초대해서 이 시간을 즐기게 되었는데, 어느새 이 티타임이 사교의 장이 되었다.

1880년대가 되자 상류층과 사교계 여성들 사이에서는 오후 4시에서 5시 사이에 긴 가운을 입고 장갑과 모자를 쓰고 거실에서 애프터눈 티를 즐기는 문화가 생겼다. 이 문화로 인해 영국의 1인당 홍차 소비량이 1851년에 2파운드(약 900그램)에서 1901년에는 6파운드(약 2,700그램)로, 50년 사이에 3배 이상 증가했다. 차 수입도 급격하게 늘어나 영국은 인도와 실론(현 스리랑카)에서 플랜테이션으로 차를 대량으로 재배하는 안정적인 생산체제를 도모하게 되었다.

소세키는 점심 대신 비스킷을 먹었는데, 한 갑에 80센(일본의 통화 단위: 1엔=100센=1,000린)이라는 구체적인 금액도 나와 있다. 유학

영국의 늦은 저녁 시간으로 탄생한 애프터 눈 티 문화는 홍차와 함께 간단한 다과를 즐기는 것으로 현재까지도 남아있는 문화다.

비는 월 평균 150엔 정도였고, 그중 하숙비가 약 80엔이었다. 80센 정도의 비스킷을 점심 식사 대용으로 구입한 것을 보면 그의 궁핍한 주머니 사정을 짐작할 수 있다. 지금이야 비스킷은 애프터눈 티에 케이크와 함께 나오는 간식의 범주에 속하지만 원래는 선원들의 식량, 전투식량, 비축식품으로 먹는 음식이었다. 영국사회가 산업화되고 빅토리아 시대를 대표하는 요리전문가 이사벨라 비턴(제16장)이 활동한 19세기 후반에서야 비스킷이 일반적으로 보급되었다. 일본에서는 '건빵'이라는 이름으로 비스킷이 비상식량의 자리

•
세 시대의 음식을 맛보다

를 지키고 있다.

1901년 3월, 소세키는 베이커가에서 점심을 사먹었다. 6가지 음식이 나왔고 '1실링 10펜스'였다. 이 가격은 당시 일본 화폐로 환산하면 약 90센이 된다. 대략 비스킷 한 갑 정도의 가격이다. 또한, 아서 코난 도일의 책《셜록 홈즈: 결혼식에서 사라진 신부》에서 런던의 고급 호텔의 아침과 점심 식사 비용이 각 2실링 6펜스(제16장)라고 적었다. 이를 참고하면 소세키가 먹은 음식은 검소한 유학생 그리고 영국 서민들의 음식이라는 것을 알 수 있다. 소세키는 영국에서 비프 스테이크도 맛보았다. 이사벨라 비턴의 신판《비턴부인의 가정관리서》(1909)에는 비프 스테이크의 레시피가 다음과 같이 적혀있다.

그릴요리는 매우 간단한 요리법이지만, 요리의 성공 여부는 거의 모두 불이 깨끗하고 밝고 연기가 나지 않는 것에 달려있다. 한 줌의 소금이 불을 깨끗하게 하는 데에 도움이 된다. 그릴을 사용하기 몇 분 전에 소금을 뿌린다. 석쇠를 사용하기 전에 먼저 예열하고 고기가 달라붙지 않도록 석쇠를 종이로 잘 문지른 후, 기름이나 고기의 지방으로 문지른다. 고기를 구울 때 가장 중요한 점은 육즙이 빠져나가지 않도록 고기의 겉면을 센불에 빠르게 구워서 맛과 풍미를 잃지 않는 것이다. 굽기

전에 고기에 샐러드유나 따뜻한 버터를 발라두면 효과적이다. 스테이크는 스테이크용 집게나 포크를 사용해서 자주 뒤집어 주어야 하지만, 포크가 고기의 살코기 부분을 찔러 육즙이 빠져나갈 수 있는 구멍을 만들어서는 안 된다. 완벽하게 구워진 스테이크는 겉은 매우 검고 속은 빨갛고 그레이비가 풍부해야 한다. 다 구워지면 표면에 버터를 얇게 바르고 소금과 후추를 뿌린 후 뜨거운 접시에 담는다. 취향에 따라 크레송(물냉이)이나 간 겨자무를 곁들여도 좋다. 비프 스테이크에는 굴소스, 구운 토마토, 튀긴 양파 등을 많이 곁들인다. 스테이크가 그릴에서 나오기까지 걸리는 시간을 최대한 짧게 해야 하기 때문에 이들 재료는 반드시 먼저 구워야 한다.

여기에서 그레이비라는 단어가 등장하는 것이 특징이다(제15장). 이 레시피에서는 육즙을 소스로 사용하도록 명시되어 있지 않지만, 이 책의 로스트 비프나 소고기 등심구이와 같은 레시피에서는 그레이비 소스를 사용하여 고기의 감칠맛을 끌어내고 있다.

마지막으로 소세키가 여러 차례 먹었던 푸딩을 소개하겠다. 옥스퍼드 영어사전에는 푸딩에 대해 다음과 같이 정의한다.

일반적으로 우유, 계란, 밀가루(혹은 수엣스웨트, 쌀, 세몰리나 등 다른 전분질 재료) 등을 섞은 것에 다양한 달콤한 (때로는 짭짤한) 재료를 첨가한 요리, 또는 이 혼합물로 만든 크러스트 안에 다양한 재료를 넣은 것을 삶거나 찌거나 구운 요리

달콤한 맛을 내는 재료 또는 짭짤한 재료를 사용하기도 한 푸딩은 수세기에 걸쳐 사람들이 즐겨 먹어온 음식이다. 특히 영국인들에게는 특별한 요리이자 훌륭한 음식 중 하나이며 주식, 반찬, 디저트 모두 가능한 음식이었다.

소세키가 먹은 푸딩은 점심 식사 중에 나온 음식인데, 주식과 디저트로 과일이 따로 있는 것으로 보아 아마도 곁들여 나온 음식이었을 것으로 추정된다. 소세키는 영국에서 생활하는 동안 여러 번 먹어보았기 때문인지 소설《행인》에 '푸딩'을 등장시켰다.

• 동서양의 음식을 두루 맛보다 •

문명개화에 따른 서양 음식과의 교류 속에서 성장한 나쓰메 소세키는 일본 음식은 물론이고 서양 음식도 잘 먹었다. 소설에도 나오듯이 잼, 설탕, 초콜릿, 빙과류, 아이스크림 같은 달콤한 음식도 좋아했던 모양이다.

이러한 나쓰메 소세키의 식성 탓인지 말년에는 당뇨병에 걸려서 당뇨병 치료식으로 식단을 엄격하게 제한(현재의 당질 제한식)했다고 한다. 1916년 11월 7일의 점심 메뉴는 '꼬치고기 두 마리, 파를 넣은 된장국, 빵, 버터'고, 저녁 메뉴는 '소고기, 양파, 한펜(어묵)국, 밤 8개, 빵, 버터', 11월 8일의 아침 식사는 '빵, 버터, 계란프라이 1개'였다.

19세기와 20세기 일본 음식과 서양 음식을 두루 맛본 소세키는 음식문화적인 측면에서도 기준이 될 만한 중요한 인물이다.

패스트푸드의 탄생

맥도날드 형제
McDonald's

McDonald's

매장에 가서 맥과 딕, 두 맥도날드 형제에게 자기소개를 했다.
두 사람은 나를 '미스터 멀티 믹서'라 부르며 반갑게 대해주어
금방 친해질 수 있었다. 사업에 대한 상세한 이야기를 듣기 위
해 두 사람을 저녁 식사에 초대했다. 그날 밤 저녁 식사에서 두
사람이 들려준 비즈니스 모델은 간단하고 실로 효과적이어서
큰 감명을 받았다. 그들은 메뉴를 최소한으로 줄여 작업 효율
성을 높였다. 햄버거 메뉴는 햄버거와 치즈버거 이렇게 단 두
종류뿐이다. 햄버거의 고기 중량은 감자튀김과 같은 10분의 1
파운드이고, 가격은 둘 다 15센트다. 치즈버거는 이보다 4센트
더 비싸다. 소프트드링크는 10센트, 16온스의 밀크셰이크는
20센트, 커피는 한 잔에 5센트, 이것이 메뉴의 전부였다.

레이 크록, 《성공은 쓰레기통 속에 있다》 중에서

20세기 식생활의 특징 중 하나는 세계적인 대중화와 획일화가 이

루어졌다는 점이다. 전 세계에는 나라마다 다양한 맛을 지닌 요리가 있지만, 한편으로 세계 어디를 가도 비슷한 맛을 경험할 수 있게 된 것이다. 지금이야 당연한 일이지만, 실로 획기적이고 경이로운 일이라 할 수 있다. 이런 흐름에 중요한 역할을 한 것이 바로 패스트푸드다. 현재 전 세계를 휩쓸고 있는 패스트푸드의 대표주자라고 하면 햄버거를 꼽을 수 있다. 이런 햄버거의 대명사가 맥도날드[●]다. 창업자인 맥도날드 형제는 어떻게 햄버거 업계에서 '벼락성공'한 것일까?

20세기에 접어들면서 미국의 도로에는 자동차가 넘쳐났고, 많은 도시에서는 교통정체를 완화하기 위해 길거리 판매를 허가제로 전환했다. 이에 따라 수많은 노점이 실내에서 물품을 판매하는 형태로 바뀌게 되었다. 노점에서 팔던 햄버거는 카페테리아(셀프서비스 형태의 음식점)나 커피숍, 간이식당, 레스토랑, 드라이브인 등의 가게에서 판매되기 시작했다.

1916년에 미국에서 첫 햄버거 스탠드(서서 먹는 가게)가 문을 열었고, 이후 많은 햄버거 체인이 생겨나면서 경쟁을 벌이게 되었다. 1920년대에 이름이 알려진 햄버거 체인에는 화이트캐슬이 있다. 햄

● 외래어 표기법에 따르면 '맥도널드'가 맞지만 고유한 상표 이름이기도 하여 이 책에서는 '맥도날드'로 기재했다.

버거와 탄산음료, 커피, 파이 등을 취급한 이 체인은 종업원에게 제복을 입게 해서 청결함을 강조했고, 어느 매장에서나 같은 상품과 품질을 제공할 수 있도록 조리법을 철저히 간소화하고 표준화했다. 바야흐로 패스트푸드 사업이 본격적으로 시작된 것이다. 화이트캐슬은 신제품 기획에도 힘써 밀크셰이크를 메뉴에 등장시켰다.

그런데 제2차 세계대전이 시작되면서 배급제로 인해 고기와 설탕이 부족해졌고 탄산음료류도 품귀현상이 발생했다. 이를 해소하기 위해 달걀프라이를 둥근 빵에 얹은 상품이 개발되었다.

한편 전쟁 중에는 감자튀김이 중요한 상품이 되었다. 그 이유는 당시 감자는 가격이 저렴하고 재고가 많아서 배급제로 제공되지 않았기 때문이다. 사실 전쟁 전에는 감자껍질을 벗기고 기름을 다루는 작업이 번거로워 작업자들이 기피하는 경향이 있었다. 하지만 전쟁을 거치고 배급제가 끝났을 무렵에는 작업자들이 그 조리 과정에 익숙해졌고, 소비자들도 감자튀김의 맛을 좋아하게 되면서 매출이 증가했다. 이제 감자튀김은 '햄버거와 함께 먹는' 인기있는 사이드 메뉴가 되었다. 전쟁 중에 식량을 제한하자 오히려 새로운 상품이 시장에서 눈길을 끌게 된 것이다.

제2차 세계대전이 끝난 후, 미국 사회는 크게 발전했다. 1950년 대는 미국 중산층의 황금기라고 일컬어지듯 풍요로운 시대였다. 자동차를 보유한 어린 자녀가 있는 중산층 가정이 대도시를 떠나

교외에 집을 사기 시작했고, 도시 외곽에 사람들이 늘어나자 그들의 요구사항을 만족시키는 새로운 사업 모델이 속속 생겨났다.

이때 음식 분야에서 새로운 모델을 구축한 자는 형 모리스 맥도날드(1902~1971, 애칭 맥)와 동생 리처드 맥도날드(1909~1999, 애칭 딕), 바로 맥도날드 형제다. 뉴햄프셔주 출신인 두 사람은 1930년에 로스앤젤레스로 이주해 작은 영화관을 사서 경영에 뛰어들었지만 잘되지 않았다. 1937년에는 오렌지주스와 핫도그를 파는 가게를 열었지만 역시 잘 팔리지 않았다. 상품 메뉴를 바비큐와 햄버거로 바꾸어 보았지만 그래도 매출은 늘지 않았다.

이후 형제는 1940년에 로스앤젤레스에서 동쪽으로 160킬로미터 떨어진 캘리포니아주 샌버너디노에 '맥도날드 형제의 버거 바드라이브인'이라는 이름의 매장을 열었다. 그들은 여기에서 5년 동안 순조롭게 매장을 운영했고, 특히 매상의 80퍼센트를 차지한 햄버거에 집중해서 사업을 전개해나갔다.

그런데 제2차 세계대전이 끝난 후 한 가지 문제에 직면하게 되었다. 전쟁의 승리로 미국경제는 호황을 맞은 한편, 군인재조정법(제대군인지원법)이 제정되면서 제대한 많은 군인이 대학에 진학해 주방에서 조리하거나 매장에서 일할 젊은 직원을 구하기가 어려워졌다. 게다가 여직원들을 노리는 불량청소년들이 매장에 들락거리는 일이 많아지면서 가족을 동반한 손님들이 맥도날드 매장에 가는 것을 꺼리게 되었다.

맥도날드 형제는 재빨리 문제해결에 나섰다. 가족동반 고객을 목표로 정하고 방문객의 체류 시간을 줄이기 위해 매장에 있던 주크박스, 자동판매기, 전화기를 없앴고, 식기도 모두 도난이나 파손의 우려가 없는 일회용 용기로 바꾸었다. 다 먹은 후 뒷정리도 손님이 하게 했다. 부족한 노동력을 효율화로 채웠다. 햄버거를 굽는 사람, 포장하는 사람, 음료를 담는 사람, 요금을 받는 사람 등 스피디 서비스 시스템Speedee Service System이라 부르는 단일공정작업으로 세분화해서 햄버거 주문 후 20초 만에 음식을 제공할 수 있는 시스템으로 바꾸었다. 맥도날드 형제는 한발 더 나아가 손님이 저렴한 가격에 음식을 더 빠르게 받을 수 있는, 그리고 그 음식을 차 안에서도 편하게 먹을 수 있는 그런 가게를 만들고 싶다고 생각했다.

이 계획을 구체화하기 위해 매장을 대형 그릴과 멀티 믹서기를 갖춘 매장으로 개조했다. 앞 인용글에 등장하는 멀티 믹서기는 밀크셰이크용으로 한 번에 여러 잔을 만들 수 있고, 투입한 종이컵 안에서 재료를 섞어 효율성을 높여주었다. 형제는 이러한 멀티 믹서기를 8대나 더 샀다.

그늘은 또한 주력 상품인 감자튀김을 만드는 과정에서 효율적이지 못한 부분을 없앴다. 당시 감자튀김은 햄버거보다 수익률이 높았기 때문에 그들은 이 상품이 성공의 열쇠를 쥐고 있다는 사실을 잘 알고 있었다. 매일 감자껍질을 벗기고 가는 막대모양으로 잘라서 특제 프라이어에서 바삭하게 튀겨냈다. 그리고 햄버거(1.5온스=약 45그램의 패티, 케첩, 다진 양파, 피클 2개)와 치즈버거, 감자튀김, 셰이크, 탄산음료 등 인기메뉴에 집중했는데, 이 전략이 제대로 적중했다.

1951년에는 27만 5천 달러의 판매액을 기록했고, 이익은 10만 달러에 달했다. 미국 전역에서 화제가 되어 잡지에 특별기사가 실릴 정도였다. 이 기회를 놓치지 않고 맥도날드 형제는 프랜차이즈화에 나섰다.

1945년 당시의 상품가격과 사업가인 레이 크록(1902~1984)이 증언한 상품가격(1954)을 다음 표에 비교·정리했다. 가격에 약간의 변화는 보이지만, 햄버거 종류는 그대로 일반 햄버거와 치즈버거뿐이다. 이 두 햄버거의 가격대를 변경하지 않고 많이 팔리는 상품을 최대한 더 많이 팔겠다는 이 전략은 향후 약 10년간 변하지 않았다.

맥도날드 형제의 프랜차이즈 사업 내용은 전례 없는 획기적인 것이었다. 가맹점은 종래와 비교해서 적은 로열티와 매출액의 일정 퍼센트를 맥도날드에 지불할 것, 매장 내 좌석이 없는 모델 매장과 같은 형태로 만들 것, 같은 상품을 같은 방법으로 조리하고 같은 가격으로 판매할 것을 요구했다. 그러자 실제로 가맹비를 내

맥도날드 메뉴의 가격 변화

명칭	처음 매장을 열었을 때 (1945)	레이 크록이 방문했을 때 (1954)
햄버거	15센트	15센트
치즈버거	19센트	19센트
감자튀김	10센트	15센트
셰이크	20센트	20센트
탄산음료	명확하지 않음 S사이즈와 L사이즈 있음	탄산음료는 10센트 다른 음료는 명확치 않음
커피	-	5센트

고 정식 영업을 시작한 매장은 10곳으로 계획보다 저조한 숫자였다. 하지만 맥도날드 형제는 노하우 공개에 관대했기 때문에 패스트푸드 사업에 관심있는 많은 사람에게 매장의 시스템을 아무렇지 않게 견학시켜 주었다. 그 결과 맥도날드와 비슷한 햄버거 체인점과 타코 가게가 많이 생겨났다.

사업가 레이 크록은 당시 멀티 믹서기 판매원(그 때문에 맥도날드 형제는 그를 '미스터 멀티 믹서'라고 불렀다)이었는데, 맥도날드 형제의 매장 운영에 관한 평판을 듣고 1954년에 형제를 방문했다. 그러고는 곧바로 가맹점 계약을 맺었고, 이듬해에는 시카고 교외에 가게를 열었다. 1961년에는 맥도날드 형제에게서 최종적으로 프랜차이즈 사업 경영권과 '맥도날드'라는 명칭 등 모든 것을 270만 달러라는 파격적인 가격으로 매수했다. 이후 레이 크록의 '맥도날드'에 의해 오늘날의 햄버거 제국이 건설되었고, 2021년에는 전 세계 100개 이상의 국가와 지역에서 약 4만 개의 매장을 운영하는 세계 최대 규모의 회사로 성장했다.

──────────── • 햄버거의 기원 • ────────────

햄버거는 19세기 말, 미국의 노점에서 판매되던 간단한 음식으로 조용히 탄생했다. 다만 어느 지역에서 처음 시작되었는지는 여러 설이 있다. 텍사스주에서 처음 만들어졌다느니 위스콘신주라느니 뉴욕주 이리카운티라느니 서로 원조라고 주장하고 있다. 하지만 그 어느 곳도 결정적인 증거가 충분치 않은 것 같다. 그도 그럴 것이 다진 소고기로 만든 패티를 구워서 번이라 불리는 둥근 두 장의 빵에 끼우는 '발명'은 아주 간단하고, 누가 맨 처음에 만들었는지를 검증하는 것이 매우 곤란하기 때문이다. 어쨌든 햄버그 스테이크와 샌드위치(제16장)가 세상에 등장한 지 꽤 시간이 지나서 마침내 19세기 말에 이 두 가지가 조화롭게 결합하여 햄버거로 재탄생했다.

1904년에 열린 세인트루이스 만국박람회는 햄버거가 세상에 알려지게 된 큰 계기가 되었다. 햄버그 스테이크는 기본적으로 레스토랑에 앉아서 칼과 포크를 사용해 먹는 음식이지만, 햄버거는 일종의 핑거푸드로 노점에서 쉽게 구입하고 서서 먹을 수 있다는 점이 특징이다. 그래서 만국박람회와 같은 큰 행사장뿐만 아니라 도시에서 바쁘게 일하는 사람들이 선택하기 쉬운 간편한 음식으로 자리잡게 되었다.

──────── • 햄버거의 다양한 명칭 • ────────

햄버거라는 이름이 정착되기까지 다양한 명칭이 있었다. 햄버그 스테이크 샌드위치, 비프 샌드위치, 미트로프 샌드위치 등 고기를 빵 사이에 끼워 먹는 음식이라는 점에서 샌드위치가 들어간 이름이 많이 사용되었다. 샌드위치는 영국에서 바다를 건너와 미국에서 핑거푸드로 자리 잡았다. 그래서인지 햄버그 스테이크 샌드위치라는 이름도 영국과 독일의 혼성요리라는 점을 생각하면 흥미롭다.

하지만 다른 이름들이 아니라 햄버거라는 이름이 정착된 이유는 둥근 번 빵을 사용한 점이 결정적이었다고 생각된다. 원래 햄버그 스테이크는 상당히 육즙이 많이 나오는 음식이어서 칼과 포크를 사용해 먹는 음식이다. 그래서 얇게 자른 빵에 끼우면 육즙이 빵에 다 스며들어버린다. 그렇다고 빵이 두꺼우면 먹기가 힘들어서 임시방편으로 토스트에 끼워 먹기도 했다. 그래서 햄버그 스테이크를 끼워 먹는 샌드위치 레시피가 있긴 했지만 그다지 보급되지 않았다. 햄버거 전문점에서 다양한 햄버거를 저렴한 가격에 사서 차 안이나 편한 장소에서 먹는 편이 직접 만드는 것보다 훨씬 합리적이었기 때문이다.

──────── • 햄버거 사업의 성공 • ────────

맥도날드 형제는 패스트푸드라는 음식문화를 미국에 보급시켰다. 그리고 레이 크록이 경영한 '맥도날드'는 20세기 음식의 세계에서 패권을 쥐고 21세기 오늘날에 이르렀다. 그 요리의 원형은 메인 메뉴인 햄버그 스테이크를 빵에 끼운 샌드위치와 사이드 메뉴인 감자튀김, 그리고 탄산음료였다. 빠르고, 값싸고, 맛있게 먹을 수 있는 시스템이 현대사회의 요구와 잘 맞아떨어지면서 이와 같은 세트 메뉴가 사람들에게 많은 사랑을 받을 수 있었다.

맺음말

이 책은 필자가 세계 각국의 역사적인 요리를 재현하고, 음악과 요리를 통한 역사여행과 세계여행을 제공하는 '음식기행音食紀行' 프로젝트의 일곱 번째 작품이다. 출판사에서 집필 의뢰를 받고 평소 흥미를 갖던 동서양 음식문화의 융합과 발전이라는 주제로 세계 음식의 역사를 조망할 수 있는 책을 목표로 삼았다.

이 책에서는 먼저 세계사에서 각 시대를 대표할 만한 인물 18명(맥도날드 형제는 2명이나 하나의 이야기이므로)의 음식과 관련한 일화를 다룬 다음, 당시 그 지역의 음식문화와 역사를 연결하여 처음 읽는 사람도 쉽게 이해할 수 있도록 구성했다. 서아시아, 유럽, 아메리카 대륙, 중국, 일본, 중앙아시아 등 세계 각지에서 음식이 어떻게 유입되고 정착되었는지 그 과정을 살펴보는 것에 중점을 두었다. 책장을 여기저기 넘기면서 인물들이 맛보았던 요리를 비교하며 말그대로 생생한 역사를 맛보는 것도 흥미로울 것이다. 어디서부터 읽어도 역사의 재미를 느낄 수 있도록 만들었으니 마음이 내키는 곳부터 읽기 시작하면 된다.

집필을 시작할 당시 필자의 관심 분야는 동서양 음식문화의 융합과 발전이었다. 그래서 알렉산드로스와 콜럼버스가 역사 속에 등장하기 전과 후의 변화를 꼭 다루고 싶었다. 담당 편집자와 머리를 맞대고 구성을 고민한 끝에 18장으로 나누고 그 시대를 상징하는 인물들을 추려나갔다.

"서아시아 지역의 풍요로운 음식문화를 조명하고 싶다! 비잔틴제국에서 오스만제국으로의 전환에 따른 음식문화의 계승과 단절을 그리고 싶다! 구대륙과 신대륙의 식재료가 섞이는 모습을 다양한 측면에서 살펴보고 싶다!" 갈수록 열의는 커지고 머릿속 생각은 끝도 없이 펼쳐졌지만, 완성하기까지 약 4년이라는 세월이 흘렀다. 이는 전적으로 필자의 부족함 탓이다. 그렇지만 숱한 나날을 머리를 싸매며 수없이 많은 고민을 거듭한 끝에 '눈에는 눈' 함무라비 왕부터 '해피밀 세트' 맥도날드 형제에 이르기까지 기나긴 4,000년의 음식 역사를 완성할 수 있었다.

이 책에서는 18명의 인물을 중심으로 음식문화의 역사를 추적했는데, 이는 세계사라는 거대한 역사 속의 아주 작은 일례에 불과하다. 다루는 시대, 지역, 인물이 바뀌면 새로운 음식의 역사가 또 새롭게 나타날 것이다.

많은 전문가가 책의 감수를 맡아주었다. 그들의 노고 덕분에 더 좋은 내용을 담을 수 있었다. 이 책과 관련한 모든 분들의 도움 없이는 이 책이 세상에 나올 수 없었을 것이다. 무엇보다 과거부터 현재에 이르기까지 연구자들의 다양한 선행연구의 도움도 많이 받았다. 많은 서적과 논문을 길잡이 삼아 방대한 세계 음식의 역사를 완성할 수 있었다. 정말로 감사드린다.

지금까지 음식기행의 이벤트에 참가한 많은 사람들에게 따뜻한 응원 메시지를 받았다. 그 응원에 힘입어 집필에 주력했다. 여러분도 이 책과 함께 고대부터 현대까지 약 4,000년의 시대 여행을 부담 없이 떠나보는 것은 어떨까.

오감을 통한 음식 체험을 편하게 즐길 수 있다면 더없이 행복할 것이다. 언젠가 또 어딘가에서 만나길 기대하며 읽고 상상하고 맛보길!

인용문헌

- 中田一郎『ハンムラビ王』(世界史リブレット人001) 山川出版社, 二〇一四年.
- 中田一郎訳『ハンムラビ「法典」』リトン, 二〇〇〇年.
- ダリー, S(大津忠彦・下釜和也訳)『バビロニア都市民の生活』同成社, 二〇一〇年.
- ポリュアイノス(戸部順一訳)『戦術書』国文社, 一九九九年.
- アテナイオス(柳沼重剛訳)『食卓の賢人たち』(全5巻) 京都大学学術出版会, 一九九七―二〇〇四年.
- パトリック・ファース(目羅公和訳)『古代ローマの食卓』東洋書林, 二〇〇七年.
- Apicius(tr. by Vehling, J.D.), *Cookery and Dining in Imperial Rome*, London, 1977.
- Thayer, B., *Apicius: De Re Coquinaria*, https://penelope.uchicago.edu/Thayer/E/Roman/Texts/Apicius/home.html
- Grocock, C. & Grainger, S., *Apicius*, Totnes, 2006.
- プリニウス(中野定雄, 中野里美, 中野美代訳)『プリニウスの博物誌』(2: 第12巻―第25巻) 雄山閣, 一九八六年.
- エウジェニア・S・P・リコッティ(武谷なおみ訳)『古代ローマの饗宴』講談社学術文庫, 二〇一一年.
- タキトゥス(国原吉之助訳)『タキトゥス 年代記』(上) 岩波文庫, 一九八一年.
- 『新唐書』https://zh.wikisource.org/wiki/新唐書/巻076
- 王仁湘(鈴木博訳)『図説 中国食の文化誌』原書房, 二〇〇七年.

- 賈思勰(田中静一, 小島麗逸, 太田泰弘編訳)『新装版 齊民要術 現存する最古の料理書』雄山閣, 二〇一七年.
- 司馬光編『資治通鑑』https://zh.wikisource.org/wiki/%E8%B3%87%E6%B2%BB%E9%80%9A%E9%91%91/%E5%8D%B7218
- 西尾哲夫訳『ガラン版 千一夜物語』(全6巻) 岩波書店, 二〇一九−二〇二〇年.
- 佐藤次高『イスラーム世界の興隆』(世界の歴史8) 中公文庫, 二〇〇八年.
- 尾崎貴久子「中世イスラーム世界の鍋」『イスラーム地域研究ジャーナル』第4巻, 早稲田大学イスラーム地域研究機構, 二〇一二年, 二伍〜三三頁.
- エドワード・ギボン(中野好夫, 朱牟田夏雄, 中野好之訳)『ローマ帝国衰亡史』(8) ちくま学芸文庫, 一九九六年.
- E. H. Freshfield, *Roman Law in the Later Roman Empire*, Cambridge, 1938.
- Anthimus, *De Observatione Ciborum*, Leipzig, 1877.
- リウトプランド(大月康弘訳)『コンスタンティノープル使節記』知泉書館, 二〇一九年.
- Anonymous(Thomas Owen 英訳), *Geoponika: Agricultural Pursuits Vol. 02*, https://archive.org/details/Geoponica02
- 小澤重男訳『元朝秘史』(上)(下) 岩波文庫, 一九九七年.
- 忽思慧(金世琳訳)『薬膳の原典 飲膳正要』八坂書房, 一九九三年.
- マルコ・ポーロ(愛宕松男訳)『完訳 東方見聞録』(全2巻) 平凡社, 二〇二〇年.
- マルコ・ポーロ(月村辰雄, 久保田勝一訳)『東方見聞録』岩波書店, 二〇一二年.
- マルコ・ポーロ, ルスティケッロ・ダ・ピーサ(高田英樹訳)『マルコ・ポーロ / ルスティケッロ・ダ・ピーサー世界の記「東方見聞録」対校訳』名古屋大学出版会, 二〇一三年.
- Frati, L., *Libro di cucina del secolo XIV*, Livorno, 1899.
- Perry, C., *A Baghdad Cookery Book: The Book of Dishes* (Kitāb al-

Ṭabīkh), Totnes, 2006.

- Prakash, O., *Food and Drinks in Ancient India: From Earliest Times to C. 1200 A. D.*, Delhi, 1961.
- 林屋永吉訳『コロンブス航海誌』岩波文庫, 一九七七年.
- 林屋永吉訳『コロンブス全航海の報告』岩波書店, 二〇一一年.
- クリストファ＿・コロンブス(青木康征訳)『完訳 コロンブス航海誌』平凡社, 一九九三年.
- エルナンド・コロン(吉井善作訳)『コロンブス提督伝』朝日新聞社, 一九九二年.
- ストラボトン(飯尾都人訳)『ギリシア・ロ＿マ世界地誌』(全2巻) 龍溪書舎, 一九九四年.
- Platina, *De honesta voluptate et valetudine*, Bologna, 1499.
- Platina (Mary Ella Milham 英訳), *Platina's on Right Pleasure and Good Health: A Critical Abridgement and Translation of De Honesta Voluptate Et Valetudine*, Pegasus Pr, 1999.
- Ruperto de Nola, *Libre del Coch*, Barcelona, 1520.
- Ruperto de Nola, *Libro de Guisados*, Logroñ, 1529.
- Rupert de Nola, *Libre de doctrina per a ben servir, de tallar y del art de coch*, http://www.cervantesvirtual.com/obra-visor/libre-de-doctrina-per-a-ben-servir-de-tallar-y-del-art-de-coch--1/html/ (2023. 10. 3 確認)
- Víctor Manuel Patiño, *La alimentaciónen Colombia y en los países vecinos*, Universidad del Valle, 2005.
- エルナン・コルテス(伊藤昌輝訳)『コルテス報告書簡』法政大学出版局, 二〇一伍年.
- ベルナルディ＿ノ・デ・サアグン(篠原愛人, 染田秀藤訳)『神々とのたたかい〈1〉』(アンソロジ＿新世界の挑戦9) 岩波書店, 一九九二年.
- ベルナ＿ル・ディ＿アス・デル・カスティ＿リョ(小林一宏訳)『メキシコ征服記

인용문헌

(一)』(大航海時代叢書〔エクストラ・シリーズ〕Ⅲ) 岩波書店, 一九八六年.

- モトリニーア(小林一宏訳)『ヌエバ・エスパーニャ布教史』(大航海時代叢書第Ⅱ期14) 岩波書店, 一九九三年.

- Süleyman I, *Sultan Süleyman Han. Lettre à François Ier, Roi de France*, https://gallica.bnf.fr/ark:/12148/btv1b52508208f

- 三橋冨治男『オスマトン帝国の栄光とスレイマン大帝』(新・人と歴史拡大版25) 清水書院, 二〇一八年.

- 鈴木董『食はイスタンブルにあり 君府名物考』講談社学術文庫, 二〇二〇年.

- Ogier Ghislain de Busbecq, *The Life and Letters of Ogier Ghiselin de Busbecq Volume 1*, https://archive.org/details/lifelettbusbecq01forsuoft

- Ogier Ghislain de Busbecq, *Augerii Gislenii Busbequii Omnia quæ extant*, https://archive.org/details/bub_gb_Uvo51PGCq0gC/

- Stefanos Yerasimos, *Sultan Sofraları: 15. ve 16. Yüzyılda Osmanlı Saray Mutfagi*, YKY, 2002.

- Priscilla Mary Isin, *Bountiful Empire: A History of Ottoman Cuisine*, Reaktion Books, 2018.

- ジャン・オリユー(田中梓訳)『カトリーヌ・ド・メディシス ルネサンスと宗教戦争』(上)(下) 河出書房新社, 一九九〇年.

- フランソワ・ラブレー(渡辺一夫訳)『第四之書 パンタグリュエル物語 ガルガンチュアとパンタグリュエル物語』グーテンベルク21, 二〇二一年.

- クヌート・ベーザー編(明石三世訳)『ノストラダムスの万能薬』八坂書房, 一九九九年.

- Bartolomeo Scappi, *Opera di Bartolomeo Scappi mastro dell'arte del cucinare*, Venezia, 1570.

- Bartolomeo Scappi, *The Opera of Bartolomeo Scappi(1570): L'arte et prudenza d'un maestro cuoco*, University of Toronto Press, 2011.

- イヴ=マリ＿・ベルセ(阿河雄二郎, 嶋中博章, 滝澤聡子訳)『真実のルイ14世 神話から歴史へ』昭和堂, 二〇〇八年.
- ラ・ヴァレンヌ(森本卜英夫訳)『『フランスの料理人』ー卜17世紀の料理書』駿河台出版社, 二〇〇九年.
- バ＿バラ・ウィ＿トン(辻美樹訳)『味覚の歴史 フランスの食文化 中世から革命まで』大修館書店, 一九九一年.
- Charlotte-Elisabeth Orléans, *Correspondance Complète de Madame Duchesse d'Orléans, Née Princesse Palatine, Mère Du Régent, Vol. 2*, Paris, 1857.
- Subligny, Adrien-Thomas Perdou de *La Muse de Cour dédiée à Monseigneur le Dauphin*, Paris, 1666.
- Jonathan Morris, *Coffee: A Global History*, Reaktion Books, 2019.
- De Philippe Sylvestre Dufour, *Traitez nouveaux et curieux du café du thé et du chocolat*, https://gallica.bnf.fr/ark:/12148/bpt6k855985n
- Marie de Rabutin-Chantal Sévigné, Samuel Silvestre de Sacy, *Lettres de Marie de Rabutin-Chantal, Marquise de Sevigne a sa fille et ses amis. Tome 10*, Paris, 1862.
- 屋敷二郎『フリ＿ドリヒ大王 祖国と寛容』(世界史リブレット人055) 山川出版社, 二〇一六年.
- Peter Peter, *Kulturgeschichte der deutschen Küche*, Verlag C. H. Beck, 2008.
- Becker, Rudolf Zacharias, *Noth- und Hülfsbüchlein fürBauersleute oder lehrreiche Freuden- und Trauer-Geschichte des Dorfs Mildheim*, Sulzbach in der Oberpfalz, 1789.
- Giles MacDonogh, *Frederick the Great: A Life in Deed and Letters*, St. Martin's Griffin, 2001.

- Theodor Gottlieb von Hippel, *Zimmermann der I., und Friedrich der II.*, De Gruyter, 1828.
- 高木八尺, 斎藤光訳『リンカーン演説集』岩波文庫, 一九伍七年.
- Amelia Simmons, *American Cookery*, https://www.gutenberg.org/ebooks/12815
- Sarah Josepha Buell Hale, *Northwood: a Tale of New England*, Boston, 1827.
- Wilder, Laura Ingalls, *On the Banks of Plum Creek (Little House #4)*, Harper & Row, Publishers, Inc., 1937
- Commissions, Committees, and Boards, *56th Presidential Inauguration : Inaugural Media Guide*, 2009, https://www.govinfo.gov/app/details/GOVPUB-Y3-PURL-LPS116701
- コナン・ドイル(延原謙訳)『わが思い出と冒険―コナン・ドイル自伝』新潮文庫, 一九六伍年.
- Adam Smith, *An Inquiry into the Nature and Causes of the Wealth of Nations*, Oxford University Press, 1975.
- コナン・ドイル(延原謙訳)『シャーロック・ホームズの冒険』新潮文庫, 一九伍三年.
- コナン・ドイル(延原謙訳)『シャーロック・ホームズの思い出』新潮文庫, 一九伍三年.
- コナン・ドイル(延原謙訳)『シャーロック・ホームズの帰還』新潮文庫, 一九伍三年.
- コナン・ドイル(延原謙訳)『シャーロック・ホームズの事件簿』新潮文庫, 一九伍三年.
- コナン・ドイル(延原謙訳)『緋色の研究』新潮文庫, 一九伍三年.
- コナン・ドイル(延原謙訳)『四つの署名』新潮文庫, 一九伍三年.

- コナン・ドイル(延原謙訳)『バスカヴィル家の犬』新潮文庫, 一九伍四年.
- コナン・ドイル(延原謙訳)『恐怖の谷』新潮文庫, 一九伍三年.
- コナン・ドイル(延原謙訳)『シャーロック・ホームズ最後の挨拶』新潮文庫, 一九伍伍年.
- コナン・ドイル(延原謙訳)『シャーロック・ホームズの叡智』新潮文庫, 一九伍伍年.
- ビー・ウィルソフン(月谷真紀訳)『サンドイッチの歴史』(「食」の図書館) 原書房, 二〇一伍年.
- Bee Wilson, *Sandwich: A Global History*, Reaktion Books, 2010.
- Isabella Beeton, *Mrs. Beeton's Book of Household Management*, London, 1909.
- 夏目漱石, 平岡敏夫編『漱石日記』岩波文庫, 一九九〇年.
- 夏目漱石『夏目漱石全集』(全一〇巻) ちくま文庫, 一九八八年.
- マダーム・ブラン述, 洋食庖人編『実地応用 軽便西洋料理法指南 一名・西洋料理早学び』https://dl.ndl.go.jp/pid/849016
- 荒正人『漱石研究年表卜』集英社, 一九八四年.
- ジェリ・クィンジオ(元村まゆ訳)『プディングの歴史』(「食」の図卜書館) 原書房, 二〇二一年.
- Jeri Quinzio, *Pudding: A Global History*, Reaktion Books, 2012.
- レイ・クロック, ロバート・アンダーソン(野地秩嘉監修・構成, 野崎稚恵訳)『成功はゴミ箱の中に レイ・クロック自伝 世界一, 億万長者を生んだ男 マクドナルド創業者』プレジデント社, 二〇〇七年.
- アンドルー・F・スミス(小巻靖子訳)『ハンバーガーの歴史 世界中でなぜここまで愛されたのか?』スペースシャワーネットワーク, 二〇一一年.
- ジョシュ・オザースキー(市川恵里訳)『ハンバーガーの世紀』河出書房新社, 二〇一〇年.

296
•
인용문헌

감수자

- 시부사와 리베카(澁澤りべか) (역사체감연구소 '시킨교리(史近距離)' 운영 / 고교 세계사 강사)
- 마스이 요스케(増井洋介) (도요대학교 대학원 박사 전기과정 수료)
- 게이코 고보리(小堀馨子) (데이쿄과학대학 종합교육센터 준교수 / 고대 로마 종교사 연구자 / 일반재단법인 케이세키문화진흥재단 대표이사)
- 나카다 고스케(仲田公輔) (오카야마대학교 준교수 / 서양중세사 연구자)
- 콘스탄티노플에서 온 사신(コンスタンティノ_プルからの使者) (웹사이트 '비잔틴제국동호회' 운영자)
- 스즈키 다다시(鈴木董) (도쿄대학 명예교수 / 서아시아 · 이슬람 정치문화사 연구자 / 유누스 엠레 튀르키예문화센터 도쿄 명예고문)
- 시라사와 다쓰오(白沢達生) (번역가 / 음악 평론가)
- kaisou 사이고쿠 카즈코(サイゴクカズコ) (웹디자이너 / '프리드리히 대왕 동호회' 운영자)

맛있게 읽는 세계사

초판 1쇄 발행일 2024년 10월 25일
초판 2쇄 발행일 2024년 10월 30일

지은이 엔도 마사시(음식기행)
옮긴이 최미숙
펴낸이 유성권

편집장 윤경선
책임편집 김효선   **편집** 조아윤
홍보 윤소담 박채원   **디자인** 김희림
마케팅 김선우 강성 최성환 박혜민 심예찬 김현지
제작 장재균   **물류** 김성훈 강동훈

펴낸곳 ㈜이퍼블릭
출판등록 1970년 7월 28일, 제1-170호
주소 서울시 양천구 목동서로 211 범문빌딩 (07995)
대표전화 02-2653-5131 **팩스** 02-2653-2455
메일 loginbook@epublic.co.kr
포스트 post.naver.com/epubliclogin
홈페이지 www.loginbook.com
인스타그램 @book_login

로그인은 (주)이퍼블릭의 어학·자녀교육·실용 브랜드입니다.